STRATÉGIE ET TACTIQUE AUX ÉCHECS

Max Euwe

Stratégie et tactique aux échecs

Traduit de l'anglais par Pascal Golay

HISTOIRE DU JEU D'ÉCHECS

Titre original :
STRATEGY & TACTICS IN CHESS

Première édition en langue anglaise éditée par G. Bell & Sons, London, 1937.

© 2020 Euwe, Max
Édition : BoD – Books on Demand, 12/14 rond-point des Champs-Élysées, 75008 Paris, France
Impression : BoD – Books on Demand, Norderstedt, Allemagne
ISBN : 978-2-322-22368-8
Dépôt légal : mai 2020

Portrait de Max Euwe en 1936.

SOMMAIRE

PRÉFACE POUR CETTE ÉDITION	9
AVANT-PROPOS	11
1. STRATÉGIE ET TACTIQUE	13
2. STRATÉGIE : LES PRINCIPES GÉNÉRAUX	31
1. Le plus grand champ d'action possible pour les pièces	33
2. Avoir autant de choix que possible pour intervenir sur l'une ou l'autre aile – une discussion sur le centre	39
3. Les cases fortes	44
3. STRATÉGIE : LES PRINCIPES SPÉCIFIQUES	51
1. Prendre l'initiative là où l'on est le plus fort	51
2. En général, diriger l'attaque contre les pions immobilisés	57
4. TACTIQUE : LA COMBINAISON EN GÉNÉRAL	73
1. Combinaisons de mat	82
2. Combinaisons ouvertes	86
5. COMBINAISONS DE MAT	95
1. Combinaisons de mat directes	95
2. Combinaisons de démolition	102
3. Combinaisons de pénétration	111
4. Combinaisons latérales (ou combinaisons sur la dernière rangée)	116
6. COMBINAISONS OUVERTES	123
1. Combinaisons pour gagner du matériel	123
2. Combinaisons avec point focal	127

3. Combinaisons avec clouage	*130*
4. Combinaisons avec découverte	*136*
5. Combinaisons avec surcharge	*141*
6. Combinaisons avec obstruction	*145*
7. Combinaisons desperado	*149*
8. Combinaisons cumulatives	*153*
7. COMBINAISONS COMPLEXES	157
8. COMBINAISONS EN FINALE	179
1. Combinaisons de forçage	*181*
2. Combinaisons de progression	*185*
3. Combinaisons de promotion	*189*
LISTE DES EXEMPLES	199

PRÉFACE POUR CETTE ÉDITION

C'est un peu à la surprise des observateurs que Max Euwe devint le cinquième champion du monde en décembre 1935 en battant Alexandre Alekhine. Les problèmes d'alcool d'Alekhine ne diminuent en rien la performance de Max Euwe, qui est le seul joueur à avoir battu Alekhine durant un match pour le Championnat du monde.

Max Euwe s'est toujours considéré comme un joueur amateur, au contraire des autres champions. Professeur de mathématiques dans des lycées puis à l'université, la pédagogie et la diffusion des connaissances ont toujours constitué pour lui une perspective essentielle dans son travail professionnel. Il en est de même dans l'univers des échecs : Max Euwe s'est imposé comme un très grand pédagogue des connaissances échiquéennes, rédigeant un grand nombre d'ouvrages et collaborant à de nombreuses revues.

En 1931, Max Euwe fit paraître un manuel pour les débutants, *Fundamentals of Chess*, qui demeure un guide avec lequel un très grand nombre de personnes s'initient au monde fascinant des échecs. Voulant approfondir certains aspects contenus dans ce manuel, Max Euwe fut amené à prononcer des conférences à l'Université populaire d'Amsterdam en 1934. Le contenu de cet ouvrage est la matière qui fut présentée durant ces conférences.

Les ouvrages de Max Euwe traduits jusqu'ici en français pourraient laisser croître que seule la stratégie est essentielle à ses yeux. Cet ouvrage vient démontrer le contraire. Bien qu'il s'intitule *Stratégie et tactique aux échecs*, c'est avant tout la tactique qui y est développée, avec le souci toujours cher à l'auteur de présenter la matière avec une grande clarté pédagogique.

Pascal Golay, Yverdon-les-Bains, mai 2020

AVANT-PROPOS

Les conférences que j'ai prononcées à l'Université populaire (annexe de l'Université) à Amsterdam en 1934 m'ont amené à rédiger ce livre, lequel est, en même temps, une suite à *Fundamentals of Chess*[1], que j'ai écrit en 1931.

Alors que dans ce dernier la stratégie était mise au premier plan, dans l'ouvrage présent davantage d'attention a été dévolue à la tactique, c'est-à-dire à l'aspect combinatoire des échecs.

Cela m'a semblé d'autant plus utile que, jusqu'à présent, très peu de choses ont été écrites au sujet du jeu combinatoire.

Dans ce livre, j'ai essayé d'analyser les combinaisons les plus fréquentes avec leurs éléments et, à partir de cette base, d'établir une classification du jeu combinatoire.

L'auteur, à Amsterdam

---

[1] Une première édition en français de cet ouvrage a paru en 1946 avec comme titre *Le Vade-Mecum des échecs*. L'ouvrage a été réédité en 1996 aux Éditions Payot & Rivages sous le *titre L'indispensable aux échecs* (note de l'éditeur francophone).

1. STRATÉGIE ET TACTIQUE

Nous sommes sans cesse confrontés à deux problèmes : que dois-je faire et comment dois-je le faire ?

Dans certains cas, l'une de ces deux questions peut éventuellement surpasser l'autre en importance à un point tel qu'il semble que nous n'ayons qu'une seule difficulté à résoudre. En réalité cependant, les deux problèmes demeurent toujours présents.

Nous sommes parfois plutôt enclins à attribuer une importance inférieure à la première question – la tâche que nous devons nous fixer – en nous limitant exclusivement à la manière dont nous devons l'accomplir. Toutefois, en agissant de la sorte, nous négligeons une partie importante de nos ressources et, à long terme, les résultats en souffriront.

L'alpiniste qui est sur le point d'escalader une paroi difficile ne peut se contenter de jeter un coup d'œil en direction du sommet de la montagne en ne comptant que sur son talent personnel. Avant de commencer l'escalade proprement dite, il doit acquérir, dans la mesure du possible, une connaissance adéquate des différentes particularités du terrain afin de pouvoir analyser les difficultés. Ainsi, il fixe son objectif initial à un niveau beaucoup plus modeste.

Lorsque nous essayons de construire une preuve mathématique difficile, nous ne visons jamais à atteindre directement le résultat final, mais nous essayons de trouver plusieurs étapes intermédiaires nous permettant de diviser les difficultés, et ainsi de simplifier le problème dont il est question.

De même aux échecs : celui qui ne voit pas d'autre but dans le jeu que de donner un échec et mat à son adversaire ne deviendra jamais un bon joueur d'échecs. Nous devons commencer par substituer au but ultime d'administrer un échec et mat à notre adversaire un but plus simple à atteindre : le gain d'un quelconque petit avantage positionnel. Ce n'est pas seulement le fait de procéder formellement à cette subdivision en buts plus faciles à atteindre qui est d'une grande importance, mais le fait que cette subdivision soit pertinente par rapport à la situation donnée : elle doit être en accord avec la nature de la position. Celui qui se fixe un but trop élevé ou cherche dans la mauvaise direction commet une erreur aussi grave que le joueur qui ne se fixe aucun but.

Aux échecs, nous distinguons entre *la stratégie* et *la tactique*.

La stratégie a comme objet la fixation d'un but et l'élaboration de plans. La tactique a comme objet la réalisation des plans. La stratégie est abstraite, la tactique est concrète. Pour l'exprimer d'une manière populaire : la stratégie requiert de *la réflexion*, la tactique requiert de *l'observation*.

Nous avons affirmé que la stratégie constitue un élément indispensable pour la compréhension appropriée d'une partie d'échecs ; nous pouvons en dire autant, et peut-être même avec plus de raison, au sujet de la tactique. Le joueur d'échecs qui sait juger une position très précisément et qui sait adapter ses plans à cette position sera dans l'incapacité de mettre en œuvre ses compétences s'il n'est pas dans le même temps bien entraîné en tactique. En règle générale, une erreur tactique conduit à une punition beaucoup plus lourde qu'une erreur stratégique. Un joueur attaquant sur l'aile dame au lieu de l'aile roi va progressivement se mettre en difficulté si son adversaire joue bien ; mais quiconque oublie un mat en deux coups perdra immédiatement la partie. De plus, étant donné que les problèmes tactiques sont plus fréquents au cours d'une partie que les problèmes stratégiques, il devient assez évident que les occasions où le tacticien prend l'avantage sur le stratège sont nombreuses.

Quoique la tactique revête une importance manifestement majeure, presque tous les manuels existants

1. Stratégie et tactique

accordent une place plus grande aux questions stratégiques. Cela est principalement dû à deux raisons.

Premièrement, le développement des compétences tactiques est en grande partie une question de pratique et de routine.

Secondement, les problèmes de tactique sont si nombreux et de nature si variée qu'il semble presque impossible de traiter ce domaine de façon systématique.

C'est justement parce que la tactique a été beaucoup négligée dans la littérature échiquéenne jusqu'ici que nous allons porter une attention particulière à elle dans ce livre, tandis que les discussions concernant la stratégie seront réduites au seul minimum nécessaire.

Avant d'aller plus en avant dans ce sujet, regardons la partie suivante, qui explicite plus clairement ce qu'on entend par la stratégie et par la tactique.

M. Botvinnik – Dr M. Euwe
Jouée au Tournoi de Léningrad en 1934

1.e4 e5 2.♘f3 ♘c6 3.♗b5 a6 4.♗a4 ♘f6 5.0-0 ♘xe4 6.d4 b5 7.♗b3 d5 8.dxe5 ♗e6

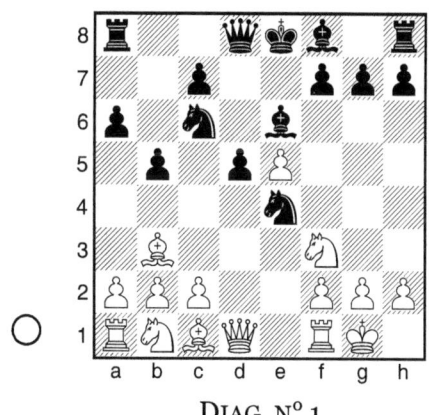

Diag. N° 1

Cela est une variante bien connue de la partie espagnole, qui possède aussi bien des avantages que des inconvénients, variante que nous ne détaillerons cependant pas davantage, car ce n'est pas l'objet de notre discussion. En revanche, nous nous devons d'examiner la position qui se présente à présent sur l'échiquier, car elle contient la caractéristique principale qui guidera la réflexion stratégique.

Tandis que les Blancs ont quatre pions contre trois sur l'aile roi, ils ont seulement trois pions contre quatre noirs sur l'aile dame. En raison de leur majorité de pions sur l'aile roi, les Blancs doivent s'efforcer de prendre l'initiative sur cette aile, entre autres moyens en y avançant leurs pions. La même chose s'applique pour les Noirs sur l'aile dame.

Ainsi, la stratégie des Blancs est-elle double : avancer sur l'aile roi et s'opposer à l'avancée de l'adversaire sur l'aile dame. A contrario, la stratégie des Noirs consiste à se défendre sur l'aile roi et à attaquer sur l'aile dame.

Les coups suivants des Blancs et des Noirs sont effectués en parfait accord avec ces visées stratégiques.

9.c3

L'attaque sur l'aile roi (stratégie des Blancs) nécessite l'action du Fou b3. Cela explique ce coup, qui évite l'échange de ce Fou après le coup ...♘a5. En même temps, ce coup prépare un futur ♗c2.

9...♗e7

Il est évident pourquoi ce coup est meilleur du point de vue stratégique que 9...♗c5. En c5, le Fou entraverait l'avance future du pion c7, tandis que la plus grande activité du Fou en c5 en direction de l'aile roi blanche ne cadre pas avec le plan stratégique des Noirs.

10.♘bd2

Si les Blancs veulent pouvoir attaquer l'aile roi noire, alors le Cavalier noir en e4 doit d'abord être délogé. Tant que ce Cavalier se trouve en e4, il est impossible pour les pièces blanches d'approcher l'aile roi noire. Par conséquent, les prochains coups des Blancs sont dirigés vers ce seul but : chasser le Cavalier de e4.

Ainsi, nous voyons que le plan stratégique des Blancs est subdivisé en plusieurs sous-plans, le premier d'entre eux consistant à chasser le Cavalier noir de e4. La question de savoir laquelle des quatre pièces à disposition : le Fou en b3, le Cavalier en d2, la Dame ou la Tour en f1 devra participer dans ce plan est une question de tactique.

10...0-0

Ce coup complète le développement, ce qui est exigé par la stratégie des Noirs : si la position du Roi n'est pas sûre, les Noirs ne peuvent pas exécuter leur plan prévu sur l'aile dame. L'aspect tactique de ce coup implique entre autres le calcul de la série de coups suivante : 10...0-0 11.♘xe4 dxe4 12.♗xe6 fxe6 13.♘d4 ♕d5 14.♘xc6 ♕xc6, ainsi qu'une évaluation de la position qui en résulte, à savoir que les Noirs jouissent d'une plus grande mobilité et que le pion blanc e5 est plus faible que le pion noir en e4.

11.♕e2

Une deuxième attaque du Cavalier noir en e4, ce qui oblige cette pièce à se retirer.

11...♘c5

1. Stratégie et tactique

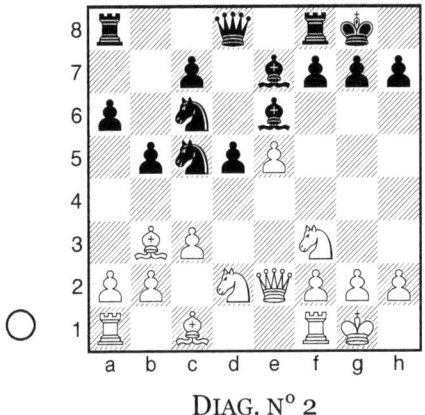

DIAG. N° 2

12.♘d4

On se serait attendu ici à 12.♗c2. Toutefois, ce coup serait suivi de 12...d4 ! et, par exemple, 13.cxd4 ♘xd4 14.♘xd4 ♕xd4, avec comme résultat que les Noirs auraient grandement augmenté leur liberté d'action, ce qui réduirait considérablement les chances d'attaque blanche sur le Roi. En outre, la majorité de pions noirs est renforcée à un point tel qu'une avance rapide du pion c7 en c5 puis en c4 ne peut pas être empêchée.

La suite qui a été choisie (12.♘d4) est fondée sur la considération suivante : si 12...♘xd4 13.cxd4 ♘xb3 14.♘xb3, les Blancs obtiennent le contrôle de la case c5. Dans cette variante, les Noirs ne pourront pas jouer ...c7-c5-c4. Il en résulte que leur majorité est paralysée, tandis que de leur côté, les Blancs obtiennent maintenant des possibilités de tirer profit de leur propre majorité en avançant leur pion f.

12...♘xb3

Que les Noirs puissent éliminer le Fou blanc sans échanger d'abord en d4 est dû à une finesse tactique. En effet, 13.♘xc6 (ou 13.♘xe6) est réfuté par

1. Stratégie et tactique

13...♘xc1!, et 14.♘xd8 ne peut pas être joué à cause de 14...♘xe2+ (échec !), et il en résulte la perte de deux pièces. Tandis que 14.♖axc1 (ou 14.♖fxc1) serait suivi de 14...♕d7 15.♘xe7+ ♕xe7.

Ainsi, la position noire ne s'est pas dégradée par rapport à ce qu'elle était au départ, cela en raison des considérations suivantes.

1) L'échange de plusieurs pièces a diminué les chances d'attaque des Blancs.

2) Les Noirs peuvent facilement mobiliser, ou mettre en mouvement, leur majorité sur l'aile dame avec le coup ...c7-c5.

3) Les Blancs ne peuvent pas réaliser facilement l'avance de leur pion f en f4 puis en f5.

13.♘2xb3 ♕d7

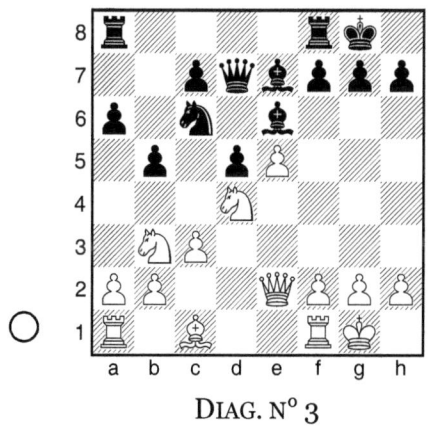

Diag. N° 3

Tout comme nous avons observé précédemment le sous-plan des Blancs – chasser le Cavalier de e4 – nous pouvons voir maintenant que les Noirs ont comme premier but de réaliser le coup ...c7-c5. C'est seulement après avoir effectué cette avance que les Noirs décideront de la manière de développer leur activité ultérieure sur l'aile dame. Nous allons voir à présent que pendant un certain temps, aussi bien les coups des

Blancs que ceux des Noirs vont se centrer autour de la poussée noire ...c7-c5.

14.♘xc6!

Sans cet échange, les Noirs pourraient facilement parvenir à jouer ...c7-c5 après ...♘d8. Une objection à ce coup est que les Blancs permettent à leur adversaire de conserver la paire de Fous, mais empêcher ...c7-c5 vaut certainement cette concession.

Nous discuterons à nouveau de l'importance de la paire de Fous au chapitre trois. Pour le moment, il suffit de faire remarquer qu'en règle générale, deux Fous sont plus forts que deux Cavaliers ou qu'un Cavalier et un Fou.

14...♕xc6 15.♗e3

Après les explications précédentes, ce coup n'est pas difficile à comprendre. Le Fou en e3 vise c5. Si les Noirs continuaient maintenant par exemple par 15...♕d7, les Blancs, au moyen de ♗c5, feraient d'une pierre deux coups : ils gagneraient le contrôle de la case c5, paralysant ainsi la majorité noire, et forceraient l'échange d'un des deux Fous noirs, de sorte que les Noirs ne bénéficieraient plus de l'avantage de la paire de Fous.

15...♗f5 16.♖fd1 ♖fd8

Les Noirs ne peuvent pas augmenter leur contrôle de c5 et n'ont pas d'autre choix que de regarder, impuissants, les Blancs prendre possession de cette case. Ce coup offre au pion d5 une protection supplémentaire, afin que les Noirs puissent jouer le cas échéant ...♕g6, dans le but d'augmenter l'activité de leurs pièces.

1. Stratégie et tactique

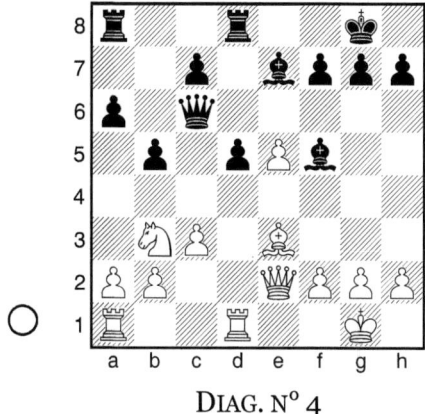

DIAG. N° 4

Nous devons ici attirer l'attention sur un moment critique de la partie du point de vue tactique, qui est d'une grande importance pour notre étude. Il semble en effet que les Blancs pourraient occuper immédiatement la case c5 avec 17.♘a5 et 18.♘b7, par exemple : 17.♘a5 ♛g6 18.♘b7 (tous ces coups avec gain de temps), suivi de 19.♘c5 ou 19.♗c5.

Cependant, les Noirs répliqueraient alors de manière très surprenante avec 18...d4!, menaçant ...♗e4 avec l'attaque double sur le Cavalier b7 et le mat en g2. Après la suite manifestement obligatoire 19.♘xd8 dxe3, le Cavalier blanc est enfermé, étant donné que 20.♘b7 est réfuté à nouveau par 20...♗e4.

À quoi doit-on cette combinaison inattendue ? Ou pour le dire plus précisément : la position contient-elle certaines particularités sur lesquelles la combinaison est basée ? La réponse à cette question est de la plus haute importance, car la connaissance des particularités qui rendent une combinaison possible agit comme un signal d'avertissement : soyez sur vos gardes ! Sans un tel signal, même un joueur très fort peut être victime de telles combinaisons, car il est pratiquement impossible de calculer un grand nombre de coups dans de nombreuses directions différentes.

1. Stratégie et tactique

Par chance, le signal d'avertissement est présent et il n'est pas très difficile de le reconnaître. Quiconque avance une pièce dans la position adverse doit faire preuve de prudence ; sa pièce est devenue un objet d'attaque et est exposée. Dans un tel cas, une attention particulière doit être accordée à l'attaque double. S'il y a un deuxième point faible dans la position et qu'une attaque simultanée sur les deux points est possible, alors, en règle générale, une perte de matériel ne peut pas être évitée.

Formulons cela plus précisément. Par *une faiblesse*, nous entendons une pièce ou une case importante qui se trouve en état d'équilibre, c'est-à-dire qui est menacée autant de fois qu'elle est défendue, mais à laquelle une pression supplémentaire peut facilement être appliquée.

Dans la position du diagramme précédent, le pion blanc e5, par exemple, est une faiblesse (il n'est ni attaqué ni défendu), bien qu'il faille ajouter tout de suite que cette faiblesse n'est que *temporaire* – si les Blancs le souhaitent – car les Blancs peuvent renforcer suffisamment leur pion e5. Cela n'a aucune conséquence sur le plan tactique. En revanche, cela affecte la stratégie : une attaque systématique contre le pion blanc e5, ce qui est appelé *une attaque stratégique*, ne conduirait à aucun résultat tangible, car ce pion peut facilement être défendu.

Il faut donc distinguer entre *les faiblesses stratégiques*, qui sont difficiles à défendre (mais pour l'instant encore suffisamment protégées) et *les faiblesses tactiques* qui présentent à un instant donné un dangereux manque de protection.

Ainsi, le pion blanc e5 est faible du point de vue tactique. Après 17.♘a5 ♛g6, le pion blanc g2 devient aussi faible du point de vue tactique, car il est attaqué une fois et défendu une fois. Le prochain coup des Blancs 18.♘b7 fait du Cavalier b7 une troisième faiblesse, et dans cette situation, la question la plus importante pour les Noirs est de savoir s'ils ont l'opportunité d'attaquer simultanément deux de ces faiblesses. Cela est en effet possible : le Fou blanc des Noirs peut occuper la diagonale sur laquelle se trouvent les deux faiblesses les plus importantes et créer de la sorte une attaque double qui conduit à un gain matériel.

Nous avons longuement discuté de cette combinaison, car elle nous donne une première idée de la manière dont les tactiques pourront être classées ultérieurement.

Continuons à présent la partie.

17.f3

Prépare la voie pour le coup ♕f2, sans lequel les Blancs perdraient le contrôle de la case c5.

17...♗f8

Les Noirs anticipent la possibilité du Fou blanc d'occuper bientôt la case c5 et mettent prophylactiquement leur propre Fou à l'abri, dans le but de ne pas perdre du temps plus tard.

18.♕f2

Le destin de la case c5 est décidé. La première étape du plan des Noirs a échoué : la case c5 est sous le contrôle des Blancs et le pion noir c7 demeure arriéré. Que doivent faire les Noirs à présent ? Les Noirs ont encore la paire de Fous à leur disposition et ils doivent absolument empêcher les Blancs de contester cet avantage par ♗c5.

18...a5

La réalisation tactique de ce plan (sauver la paire de Fous). Après 19.♗c5, il suit 19...a4 20.♗xf8 axb3 21.♗a3 ♗c2 suivi de 22...♖xa3 et les Noirs ont une partie prometteuse.

1. Stratégie et tactique

Il existe encore une autre manière d'essayer d'occuper la case c5 avec le Fou blanc : 19.♘d4 ♕g6 20.♘xf5 ♕xf5. Mais à présent la faiblesse (tactique) du pion blanc e5 empêche les Blancs de réaliser leur plan, car après 21.f4 b4, 22.♗c5 est impossible à cause de l'échange des Fous suivi de …♕xf4.

19.♖d2?

Les Blancs négligent le fait que le dernier coup des Noirs est également important du point de vue stratégique en plus d'avoir comme but d'empêcher ♗c5. Le plan principal des Noirs est encore d'attaquer sur l'aile dame, et celui des Blancs de contrarier leurs intentions sur cette aile (les opérations sur l'aile roi demeurent en suspens pour le moment). Le dernier coup des Noirs prépare une nouvelle attaque par …b4, et l'objectif des Blancs aurait dû être d'empêcher ce coup en jouant 19.♖ac1.

19…b4

Ce coup attaque le pion c3. 20.cxb4 serait défavorable pour les Blancs à cause de 20…axb4, après quoi la case a2 deviendrait une faiblesse (stratégique) pour les Blancs.

20.♖c1 ♕a4

Continue l'attaque sur l'aile dame blanche. Le pion blanc a2 ne peut être défendu d'une manière « normale » que par 21.♖a1, mais après 21…bxc3 22.bxc3, le pion blanc c3 deviendrait une faiblesse (stratégique).

21.♘d4

Par ce coup, les Blancs renoncent au contrôle de c5 dans le but de sauver leur pion a2.

1. Stratégie et tactique

21...♗g6 22.b3

Le pion a2 est défendu, mais après

22...♕e8

l'avance du pion noir c7 en c5 ne peut plus être empêchée.

23.cxb4 ♗xb4 24.♖dd1 c5!

Il faut noter que 24...♕xe5 ne marche pas à cause de 25.♘c6.

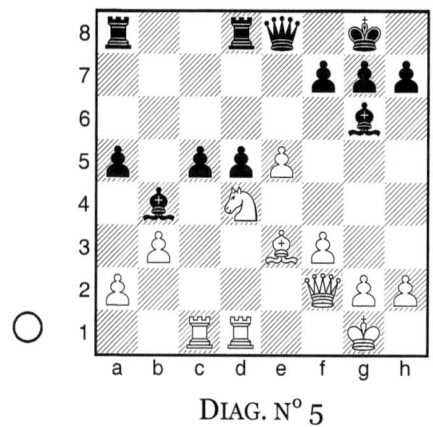

Diag. N° 5

Les Noirs ont atteint leur objectif ...c5. Ce coup a été réalisé et la majorité sur l'aile dame est mobilisée.

25.♘c2 ♗xc2

Deux autres variantes devaient être envisagées ici.
A) 25...♕xe5 26.♗xc5 ♗xc5 27.♕xc5 ♖ac8 28.♕d4 (28.♕xa5? ♖a8 29.♕d2 ♕b2!) 28...f6 29.f4 ♕c7 30.♘e3 ♕xc1 31.♖xc1 ♖xc1+ 32.♔f2 ♗e4, avec des chances de gain pour les Noirs.
B) 25...c4 26.♗d4 (26.♘xb4 axb4 27.bxc4 dxc4 28.♖xd8 ♖xd8 est perdant pour les Blancs, de même

que 27.♗b6 ♖d7 28.bxc4 dxc4 29.♖xd7 ♕xd7) 26...♖ac8 maintient l'attaque noire sur l'aile dame sans que les Blancs obtiennent des opportunités semblables sur l'autre aile.

La variante A est purement tactique, fondée sur la faiblesse du pion e5, qui force les Blancs à entrer dans une suite forcée. La stratégie est totalement abandonnée dans cette suite – l'aile dame est décimée – et durant plusieurs coups plus rien d'autre ne compte que la nécessité exigée par la situation présente ; les deux camps sont occupés par les conséquences immédiates des attaques et de leurs parades.

La variante B diffère du déroulement réel de la partie en ce que le Fou noir en g6 n'étant pas échangé, l'attaque blanche sur l'aile roi peut être totalement négligée, ce qui ne sera pas le cas dans la partie.

26.♖xc2 d4 27.♗g5 ♖d5?

Cela constitue une erreur tactique des Noirs, car à cet endroit la Tour noire n'est pas protégée. La Tour aurait été mieux placée en d7, comme on le verra bientôt. Par 27...♖d7, les Noirs auraient pu conserver leur avantage : 28.f4 ♕e6 29.♕f3 ♕d5, ou 29.♖e2 d3! 30.♖e4 (30.♖e3 c4) 30...♕g4, etc.

28.f4 a4

Après 28...♕e6, il suit 29.♕f3! et la Tour noire en d5 est clouée dans une position délicate.

29.♕f3

Cette attaque de la Tour gagne un tempo important. Elle permet de mettre en évidence la gravité d'une faiblesse de nature tactique, ce qu'est la Tour noire en d5, laquelle permet à l'adversaire de gagner un tempo en attaquant le point faible. C'est comme si les Blancs avaient joué deux coups en même temps : ♕f3 et f5.

1. Stratégie et tactique

29...axb3 30.axb3 ♖d7 31.f5

On perçoit à présent la véritable importance du gain d'un tempo : en raison du coup 29.♕f3, les Noirs ne peuvent pas gagner le pion e5 (...♕xe5) à cause de ♕xa8+.

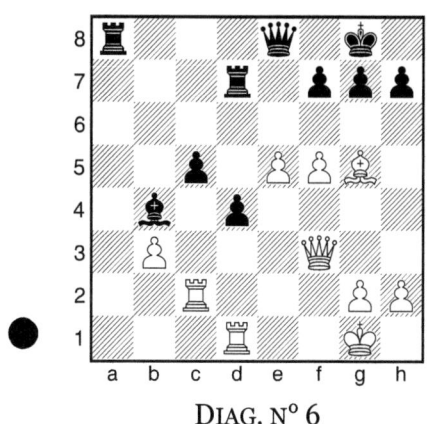

DIAG. N° 6

Une nouvelle phase commence dans la partie ! La majorité blanche sur l'aile roi est mobilisée et l'attaque des Blancs devient une réalité. Les deux joueurs poursuivent encore leurs plans stratégiques initiaux. Cependant, à présent, ce sont les Blancs qui ont la meilleure position : leur Fou en g5 attaque et défend à la fois, tandis que le Fou des Noirs en b4 n'est pas disponible pour la défense.

31...♖da7 32.♕g3 ♖a1 33.♖cc1 ♖xc1 34.♖xc1

Il est très douteux que les Noirs aient amélioré leur position en échangeant les Tours.

34...♔h8

Dans le but de parer ♗f6 et ♗h6.

35.♖f1 ♖a6

Il est clair que 35...♖a2 serait une erreur : 36.f6! g6 37.e6! et les Blancs gagnent, car 37...♕xe6 est suivi de 38.♕b8+. Cette variante montre à quel point la position noire est devenue critique.

36.h3

Les Blancs commencent par mettre leur Roi en sécurité. Les Noirs ne peuvent rien faire.

36...♕a8 37.♔h2 ♕e8 38.♖f3

Les Blancs auraient pu jouer 38.e6 ici. Cela aurait forcé 38...f6 (38...fxe6 39.f6! gagne pour les Blancs). La position aurait été très difficile à tenir pour les Noirs, car le pion blanc e6 passé protégé est particulièrement puissant.

Un second plan d'attaque pour les Blancs aurait consisté à avancer leur pion h en h4 puis en h5, afin de forcer les Noirs à affaiblir leur aile roi, puis de continuer avec f6 et h6.

L'une ou l'autre méthode aurait sans aucun doute offert de meilleures chances de gagner que le coup joué dans la partie, qui donne aux Noirs l'opportunité de replacer leur Fou en défense.

38...♗a5

Ce coup n'était pas possible tant que la Tour blanche était en f1, à cause de ♖a1.

39.♗f4 ♗c7 40.♖f1 ♖a8 41.♖e1 ♕c6

Les Noirs disposent encore de moyens de défense suffisants contre l'avance du pion blanc en e6.

42.e6

Pas 42.f6 à cause de 42...gxf6 43.exf6 ♖g8.

1. Stratégie et tactique

42...♗xf4 43.♕xf4 fxe6 44.fxe6

Après 44.♖xe6, il aurait suivi 44...♕b7 45.♕e5 ♕b8!

44...♖e8

Une nulle est maintenant inévitable. Le pion blanc passé e6 est isolé et ne peut pas forcer la décision.

45.e7 h6 46.♕f5

Après 46.♖f1 ♕f6 47.♕xf6 gxf6 48.♖xf6, la finale serait nulle, tandis que les Blancs, après 46.♕f7 ♔h7 47.♕f5+ ♔g8, ne seraient pas mieux.

46...♕d6+ 47.♔h1 ♔g8 48.♖e6 ♕d7 49.♕e5 ½–½

Les Blancs proposent nulle au vu de la suite 49...d3 50.♖d6 ♕xe7 51.♕xe7 ♖xe7 52.♖xd3.

Pour résumer brièvement la tournure stratégique de cette partie, nous pouvons voir qu'aussi bien les Blancs que les Noirs ont mis constamment une idée principale au premier plan. D'autres aspects stratégiques méritent d'être relevés.

Coups 9 – 11 (Blancs) :	chasser le Cavalier noir de e4.
Coups 14 – 18 (Blancs) :	empêcher les Noirs de jouer ...c7–c5.
Coups 17 – 18 (Noirs) :	conserver la paire de Fous.
Coups 18 – 20 (Noirs) :	attaquer sans ...c7–c5.
Coups 21 – 24 (Noirs) :	effectuer ...c7–c5.
Coups 27 – 31 (Blancs) :	avancer leur pion e.
Coups 38 – fin (Noirs) :	rendre la majorité de pions blancs impuissante.

Cependant, toutes les parties ne suivent pas un déroulement stratégique aussi linéaire que celui décrit ci-dessus. Il peut arriver que le plan stratégique doive subir des adaptations fréquentes, et il est également possible qu'il soit mis entre parenthèses à certains moments durant le cours de la partie. Nous avons déjà rencontré un tel cas dans la variante A dans le commentaire du 25e coup noir.

Nous appelons des parties comme celle qui précède, dans laquelle la stratégie joue un rôle si important, des *parties positionnelles*, par opposition aux *parties de combinaisons*, dans lesquelles la stratégie est d'une importance secondaire.

Gardons-nous toutefois de confondre la stratégie et le jeu positionnel, car la stratégie est un but, alors que le jeu positionnel représente une certaine méthode de jouer. L'étude du jeu positionnel nous apprend à jouer les variantes stratégiques.

Les conceptions de la tactique et du jeu combinatoire ne sont pas non plus identiques. On pourrait dire que la tactique comprend tous les coups dans une partie, et inclut ainsi également les combinaisons qui s'y produisent.

2. STRATÉGIE : LES PRINCIPES GÉNÉRAUX

Comme nous l'avons déjà dit, nous ne parlerons des éléments de la stratégie que d'une manière générale[2]. La discussion présente a pour but, entre autres, de familiariser le lecteur avec les principes généraux de la stratégie qui sont nécessaires à la compréhension des aspects stratégiques qui surviennent dans les situations tactiques. Ces situations seront abordées plus loin.

Nous faisons une différence entre principes *généraux* et principes *spécifiques* de la stratégie.

Les principes généraux découlent directement du but de la nature des échecs et sont de ce fait toujours présents. C'est, par exemple, un principe général qui va de soi que de procurer à ses pièces la plus grande liberté d'action possible.

Les principes spécifiques ne s'appliquent que si la position présente certaines caractéristiques qui conduisent à adopter une visée stratégique particulière. Par exemple, nous avons vu dans la partie du chapitre un que les Noirs doivent avancer leurs pions de l'aile dame parce qu'ils possèdent une majorité sur cette aile. Cela constitue un principe *spécifique* de la stratégie, étant donné on ne peut pas affirmer *d'une manière générale* qu'il est important d'avancer les pions autant que possible.

Avant de commencer l'énumération des différents principes, nous devons cependant mettre en garde le lecteur contre leur application sans discernement. Par exemple, du fait qu'un Fou possède une plus grande mobilité sur la case c4 que sur la case e2, il ne s'ensuit

---

[2] Pour une étude plus détaillée, nous renvoyons aux premiers chapitres de *L'indispensable aux échecs*, par le Dr. M. Euwe, publié par les Éditions Payot & Rivages, Paris, 1996 (note adaptée de l'édition anglaise).

pas que le coup ♗c4 soit toujours préférable au coup ♗e2. D'autres circonstances peuvent être présentes qui rendent un développement en e2 plus souhaitable. Ces circonstances peuvent être de nature tactique (par exemple un Fou en e2 empêche un Cavalier noir de se rendre sur la case g4) ou de nature stratégique (par exemple si l'aile roi est faible et nécessite que des pièces la défendent). Dans un tel cas, l'importance des circonstances tactiques et stratégiques dépasse celle de la plus grande mobilité possible.

Principaux généraux de la stratégie

Les échecs sont une lutte entre deux forces antagonistes et par conséquent les principes généraux qui gouvernent un combat, considérés dans leur acception la plus large, sont également applicables à une partie d'échecs. Ainsi, par exemple, les principes évidents suivants, valables en temps de guerre, sont de la plus grande importance aux échecs.

1) Donner aux forces disponibles le plus grand champ d'action possible.
2) Placer ses forces de telle manière qu'il demeure le plus de choix possible pour les déployer dans une direction ou dans une autre en fonction des manœuvres de l'adversaire.
3) Organiser les forces offensives de manière à ce que l'adversaire ne puisse ni les entraver ni les repousser.

Examinons à présent chacun de ces principes individuellement et dans les limites de l'échiquier.

2. Stratégie : les principes généraux

1. Le plus grand champ d'action possible pour les pièces

Nous voyons ce principe appliqué aux échecs selon les modalités suivantes.

A) Application générale : développement rapide dans l'ouverture et si possible ne pas jouer la même pièce deux fois.

B) En ce qui concerne les Fous : en plaçant les pions – en particulier les pions du centre – de telle manière qu'ils n'obstruent pas leurs diagonales.

C) En ce qui concerne les Tours et la Dame : en plaçant les Tours (et parfois aussi la Dame) sur des colonnes ouvertes, afin de les amener, si possible, dans le camp de l'adversaire, sur les septième et huitième rangées.

A) Ne nécessite pas beaucoup d'explications : il est évident que les pièces doivent être mises en jeu rapidement, sinon le joueur sera désavantagé dès le premier accrochage avec les pièces de l'adversaire. Cela vaut en particulier pour l'ouverture par 1.e4 e5, étant donné que les Rois ne sont pas en sécurité dans leur position initiale et qu'un développement maladroit des pièces peut conduire facilement à une catastrophe rapide.

B) Liberté d'action pour les Fous

La position du diagramme suivant montre une différence importante entre les Fous. Le Fou blanc en d3 et le Fou noir en f8 ne sont pas gênés par leurs propres pions et ils sont pour cette raison appelés *des bons Fous*. Le Fou blanc en f4 et le Fou noir en c8, en revanche, sont *des mauvais Fous*. Ils ne peuvent pas coulisser librement entre les pions et à un moment donné ils sont obligés de faire un choix définitif entre les cases en dehors de la chaîne de pions (comme le Fou blanc f4 l'a fait) ou les cases à l'intérieur de la chaîne de pions (comme le Fou noir c8 l'a fait).

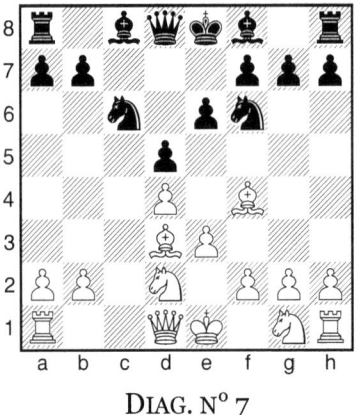

Diag. N° 7

En général, le Fou qui se trouve à l'extérieur de la chaîne de pions jouit d'un plus grand rayon d'action, mais comme le joueur avec les Noirs est souvent obligé de garder le Fou à l'intérieur de la chaîne de pions en lui attribuant un rôle défensif, il est facile de comprendre qu'*en fait* le Fou blanc en f4 cherchera à attaquer l'aile roi noire plutôt que de défendre sa propre aile dame. Pour le Fou noir en c8, c'est exactement l'inverse.

Ce principe de placer les pions de telle manière qu'ils n'obstruent pas les Fous peut être pleinement observé seulement si un des Fous a déjà été échangé. Si, par exemple, il ne reste que le Fou de cases blanches, alors les pions du centre devraient, si possible, être placés sur les cases noires. En revanche, aussi longtemps que les deux Fous sont encore présents sur l'échiquier, aucune préférence absolue ne peut être donnée à l'une ou l'autre des couleurs.

Compte tenu de cela, l'avance des pions du centre est parfois reportée jusqu'à ce que la tournure prise par la partie soit devenue plus précise. Dans ce cas, les Fous sont développés de flanc (g3 ou b3 suivi de ♗g2 ou ♗b2), ce qui est appelé *le fianchetto*. Si le Fou en g2 est échangé, alors d3 et e4 pourront suivre, dans l'autre cas (échange du Fou en b2), e3 et d4 suivront.

Garder les pions du centre en arrière se heurte cependant à l'objection majeure que l'adversaire, en suivant la stratégie inverse, peut obtenir une supériorité au centre (voir ci-après, page 43).

C'est très utile pour les Fous si un joueur parvient à placer ses pions sur d4 et e4 (du point de vue des Blancs) : les Fous peuvent alors se mouvoir librement d'avant en arrière : ♗b5−e2 et ♗g5−e3. Leur mobilité n'est limitée que dans la direction opposée : Le Fou en d3 est limité par le pion en e4 et le Fou en e3 est limité par le pion en d4. Toutefois, cela ne constitue pas une obstruction trop importante, car dans de nombreux cas d5 ou e5 sera possible, offrant ainsi à l'un des Fous un débouché également dégagé dans cette direction.

C) *Les colonnes ouvertes*

Dans le diagramme n° 8, la colonne d est appelée *une colonne ouverte*, parce que ni pion blanc ni pion noir ne se trouve sur elle.

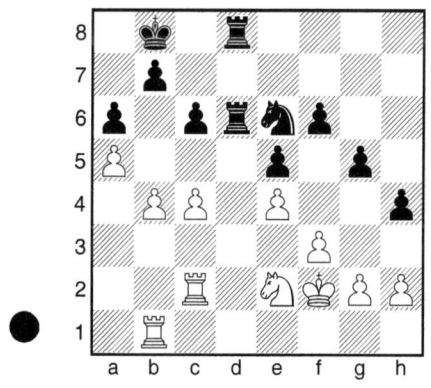

Diag. N° 8
Partie Salwe – Rubinstein, Carlsbad 1907

2. Stratégie : les principes généraux

Il est évident que les Tours sont le plus efficace sur une telle colonne. Les Noirs ont judicieusement placé leurs Tours sur cette colonne : ils ont *doublé* leurs Tours sur la colonne d. L'importance de la seconde Tour est double.

1) Empêcher une Tour blanche de se placer également sur la colonne d (opposition sur la colonne d). En effet, si les Noirs avaient encore leur deuxième Tour en h8, les Blancs pourraient jouer ♔e1 suivi de ♖d1 ou de ♖d2. Cela mettrait fin à la domination noire sur la colonne d.

2) De plus, la deuxième Tour sert de soutien dès que la première Tour pénètre dans la position adverse. Le grand avantage des Tours sur une colonne ouverte est qu'elles fournissent des points d'appui dans la position de l'adversaire, ce qui permet au joueur de menacer les pions horizontalement et par l'arrière. Cela est très intéressant, car, en raison de leur façon de se déplacer, les pions offrent une moindre résistance aux attaques de ce type.

Dans la partie ci-dessus (à partir du diagramme n° 8), les Noirs ont joué avec beaucoup d'efficacité.

40...♖d2[3]

Un essai pour dominer la seconde rangée. Il suffit de considérer les conséquences de 41.♖xd2 ♖xd2 : les

---

[3] Les coups précédents de cette partie ont été : 1.e4 e5 2.♘f3 ♘c6 3.♗c4 ♗c5 4.♘c3 ♘f6 5.d3 d6 6.♗e3 ♗b6 7.♕d2 ♗g4 8.♘g5 ♗h5 9.f3 h6 10.♘h3 ♕d7 11.♘f2 ♘d4 12.♗xd4 ♗xd4 13.♘cd1 d5 14.♗b3 0-0-0 15.0-0 g5 16.♔h1 c6 17.♘c3 ♗g6 18.a4 ♗b8 19.a5 a6 20.♘a4 ♕c7 21.♕b4 ♕d6 22.♕xd6+ ♖xd6 23.c3 ♗a7 24.♗c2 ♘d7 25.♖ae1 h5 26.♘d1 f6 27.♘e3 ♖d8 28.b4 ♗xe3 29.♖xe3 d4 30.♖ee1 dxc3 31.♘xc3 h4 32.♔g1 ♘f8 33.♔f2 ♘e6 34.♘e2 ♗e8 35.♗b3 ♘c7 36.♗c4 ♗d7 37.♖c1 ♗e6 38.♖c2 ♗xc4 39.dxc4 ♘e6 40.♖b1 (note de l'éditeur francophone).

Noirs menacent ...♘f4 qui gagnerait rapidement, de sorte que les Blancs sont forcés de jouer 42.♔e3.

Maintenant suit 42...♖c2 (attaque du pion blanc c4 depuis l'arrière) 43.♔d3 (43.c5? perd rapidement : 43...♘f4! 44.♘xf4 forcé 44...gxf4+ 45.♔d3 ♖xg2) 43...♖a2 et les pièces noires ont beaucoup plus de liberté que celles des Blancs. La Tour noire cloue le Cavalier blanc dont la tâche est de protéger les pions blancs, tout comme le Roi en d3, tandis que la Tour blanche ne fait rien. Rapidement les Blancs ne pourront plus empêcher la perte d'un ou de plusieurs pions.

Une suite possible pourrait être : 44.g3 (pour empêcher le décisif ...♘f4) 44...h3! (empêche l'ouverture de plus de colonnes, ce qui serait à l'avantage de la Tour blanche) 45.♔e3 (les Blancs n'ont pas de bons coups : 45.b5 cxb5 46.cxb5 axb5 perdrait un pion. Il en serait de même après 45.♖d1 ♖b2 46.♔e3 ♔c7) 45...♔c7 (45...♘d4 et 45...c5 seraient de très bons coups, mais les Noirs n'ont pas besoin de se dépêcher et ils peuvent d'abord placer leurs pièces dans les meilleures positions possibles) 46.c5 (sinon les Noirs joueraient le très fort ...c5) 46...♘d4 47.♘xd4 exd4+ 48.♔xd4 ♖d2+ 49.♔e3 (le premier coup de recul du Roi blanc) 49...♖xh2 50.♖d1 (si 50.f4, alors 50...g4) 50...♖g2 51.g4 h2 52.♖h1 (les Noirs menaçaient ...♖g1) 52...♔d7 53.f4 (le seul coup) 53...♔e6 54.♔f3 ♖b2, etc.

41.♖bb2

Cela permet aux Blancs de conserver le contrôle de leur seconde rangée.

41...♖xc2 42.♖xc2 ♖d3!

La septième[4] rangée est la plus avantageuse pour une Tour, car, en règle générale, des pions sans défense

---

[4] La deuxième rangée du point de vue des Noirs (note de l'éditeur francophone).

de l'adversaire se trouvent sur celle-ci (dans le cas présent, les pions blancs g2 et h2). Cependant, les autres rangées, la huitième et la sixième, présentent également de l'intérêt, car elles offrent la possibilité d'attaquer les pions depuis l'arrière. Ainsi, après le coup de la partie, les Noirs menacent de gagner un pion par 43...♖b3.

Les Noirs n'ont pas joué 42...♖d1, car ils ont un autre plan en vue et désirent utiliser leur Tour sur la sixième rangée.

43.♖b2

Bien sûr pas 43.♖c3, car les Blancs doivent empêcher les Noirs d'occuper la seconde rangée.

43...♔c7

Le Roi améliore à présent sa position. Les Blancs ne peuvent rien faire et doivent attendre.

44.c5 ♔d7 45.g3

Cela entraîne d'autres faiblesses, qui permettent aux Noirs de gagner un pion en force. Mais même si les Blancs avaient attendu, ils n'auraient pas pu sauver la partie. Au moment approprié, les Noirs auraient joué soit ...♘f4, soit ...♘d4, soit ...g4, et les Blancs n'auraient pas pu empêcher tous ces coups en même temps.

45...hxg3+ 46.hxg3 g4!

Ici encore, on remarque combien la Tour noire en d3 est forte. Cette pièce, active en elle-même, condamne la Tour blanche à l'inactivité.

47.♘g1

2. Stratégie : les principes généraux

Ou 47.fxg4 ♘g5!, après quoi le pion blanc e4 tombe. De même 47.f4 exf4 48.gxf4 coûterait un pion après 48...♖f3+.

47...♘g5 48.♔e2 ♖a3

La Tour noire demeure solidement implantée sur sa sixième rangée. À présent, soit le pion f3 soit le pion e4 est perdu.

49.f4 ♘xe4 50.fxe5 fxe5

Et les Noirs gagnèrent rapidement[5].

À la suite de cet exemple, on se rend bien compte de l'importance de la colonne ouverte : c'est la voie par laquelle la Tour peut atteindre l'une des dernières rangées, afin de menacer depuis là les points les plus faibles dans la position adverse. À cet égard, l'avant-dernière rangée (ce qui correspond à la septième rangée du point de vue des joueurs) est la plus importante, car c'est sur elle que se trouvent généralement des pions non défendus.

2. Avoir autant de choix que possible pour intervenir sur l'une ou l'autre aile – une discussion sur le centre

Quiconque désire utiliser ses pièces sur les deux côtés de l'échiquier doit être fort au centre. Il doit être maître des cases centrales. Sur ces cases, il pourra placer des pièces qui pourront agir simultanément sur les deux ailes. Elles permettent également une communication rapide entre une aile et l'autre.

---

[5] La fin de la partie fut : 51.♔f1 ♘xg3+ 52.♔g2 ♘h5 53.♖f2 ♘f4+ 54.♔h1 ♖a1 55.♖d2+ ♔e7 0-1 (note de l'éditeur francophone).

2. Stratégie : les principes généraux

Afin d'augmenter le contrôle du centre, les deux principes suivants sont de la plus haute importance.

A) Diriger les pièces et les pions en direction du centre (centralisation).
B) Occuper les cases centrales (d4, e4, d5, e5) avec des pièces ou des pions.

A) Le principe général de diriger autant que faire se peut les pièces en direction du centre est une ligne de conduite importante du plan directeur. En règle générale, des coups comme ♘a3 (♘h3) doivent être rejetés par principe et habituellement ♘f3 ou ♘c3 seront préférable à ♘e2 ou à ♘d2. À partir de la case f3, le Cavalier contrôle deux cases centrales (d4 et e5) ; à partir de la case e2, il n'en contrôle qu'une (d4) ; et à partir de la case h3, il n'en contrôle aucune.

Bien évidemment, il faut se garder de toute exagération : il peut exister des circonstances qui exigent une décentralisation. Ainsi, par exemple, dans la défense hollandaise, il est habituel de nos jours de jouer après 1.d4 f5 2.c4 e6 3.g3 ♗b4+ 4.♗d2 ♗xd2+ 5.♕xd2 ♘f6 6.♘c3 0-0, le coup 7.♘h3, avec l'intention de transférer le Cavalier sur l'importante case f4.

Mais mis à part cela et quelques autres cas exceptionnels, nous pouvons constater que le principe de centralisation est suivi dans presque toutes les ouvertures. Comme exemple, nous pouvons prendre la partie écossaise : 1.e4 e5 2.♘f3 ♘c6 3.d4 exd4 4.♘xd4 ♘f6 5.♘c3 ♗b4 (ce coup a une action indirecte sur le centre : le Fou cloue le Cavalier blanc qui est dirigé vers le centre) 6.♘xc6 bxc6 7.♗d3 d5 8.exd5 cxd5 9.0-0 0-0 10.♗g5 c6.

Un autre exemple emprunté à la défense sicilienne :
1.e4 c5 (le pion en c5 vise le centre) 2.♘f3 ♘c6 3.d4 cxd4 4.♘xd4 ♘f6 5.♘c3 d6 6.g3 (à partir de g2, le Fou blanc vise le centre) 6...e6 7.♗g2 ♗e7 8.0-0 ♕c7 (visant à nouveau le centre) 9.♗e3 0-0.

2. Stratégie : les principes généraux

À partir de ces deux exemples, nous pouvons clairement percevoir le rôle prépondérant que joue le centre. Presque tous les bons coups sont en relation avec le centre, comme par exemple les coups 8.0-0 et 9...0-0 dans le dernier exemple. Ces coups sont essentiels afin de donner à toutes les pièces la possibilité de participer à la bataille.

B) Le but de la centralisation est d'augmenter le contrôle des cases du centre, et cela peut être réalisé, entre autres moyens, en occupant ces cases. Nous avons vu ce procédé dans les exemples ci-dessus (sous A). À partir de ce point de vue sur la bataille, nous arrivons aux considérations suivantes.

Premier exemple (partie écossaise)

Après 4.♘xd4, Blancs : pion en e4 et Cavalier en d4. Noirs : rien.
Après 6...bxc6, Blancs : pion en e4. Noirs : rien.
Après 8...cxd5, Blancs : rien. Noirs : pion en d5.

Second exemple (défense sicilienne)

Après 4.♘xd4, Blancs : pion en e4 et Cavalier en d4. Noirs : rien.
Après 9...0-0, Blancs : pion en e4 et Cavalier en d4. Noirs : rien.

Dans le second exemple, la lutte pour le centre n'est pas encore terminée : les Noirs ont deux pions en d6 et e6 prêts à avancer à un moment favorable, mais l'avance réelle se fait généralement à un stade beaucoup plus avancé du jeu.

L'examen de ces exemples conduit à deux questions.

1) Que faut-il préférer : l'occupation des cases du centre par des pions ou par des pièces ?

2. Stratégie : les principes généraux

2) Est-il important d'occuper le centre aussi rapidement que possible ou le moment de l'occupation est-il sans conséquence ?

Examinons de plus près chacune de ces questions.

1) Pièces ou pions au centre ?

L'occupation des cases du centre par des pièces a parfois l'inconvénient que l'adversaire peut les chasser avec gain de temps. Par exemple, personne n'essaierait, après 1.♘f3 ♞f6, d'occuper une case du centre par 2.♘e5, étant donné que les Noirs pourraient immédiatement chasser le Cavalier blanc par 2...d6 et auraient gagné pas moins de deux temps après 3.♘f3 e5.

Cela est différent dans le cas suivant. Après 1.e4 e6 2.d4 d5 3.e5 c5 4.dxc5 ♞d7 5.♘f3 ♞xc5 6.♘d4, le Cavalier blanc est très bien placé en d4 : il contrôle plusieurs cases importantes dans et près de la position adverse (e6, c6, f5 et b5), et ne peut pas être chassé facilement par les Noirs.

Il peut arriver également qu'une pièce sur une case centrale puisse être chassée immédiatement, mais seulement d'une manière qui affaiblit la position de l'adversaire.

Dans la variante de la défense sicilienne montrée à la page 40, Les Noirs peuvent jouer ...e7-e5 à n'importe quel moment, forçant de la sorte le Cavalier blanc à s'éloigner, mais cela n'améliorerait pas la position des Noirs, car les Blancs retireraient leur Cavalier sur la case f3 et obtiendraient le contrôle de la case d5. Il en résulterait que le pion noir d6 demeurerait à jamais arriéré et obstruerait ses propres pièces.

Malgré les avantages susmentionnés, qui résultent quelquefois du placement des pièces sur les cases du centre, dans la plupart des cas, l'occupation du centre par des pions est préférable. Cela est appelé *la formation d'un centre de pions*. Étant donné que la construction d'un centre de pions commence dès le premier

2. Stratégie : les principes généraux

coup, son but initial est d'augmenter le contrôle des importantes cases du centre, permettant ainsi aux pièces de se déplacer rapidement et sans souci d'une aile à l'autre.

En outre, un centre de pions constitue un point d'appui pour les pièces. Si les Blancs ont un pion en e4, ils pourront ainsi poster un Cavalier en d5 ou en f5. Nous avons déjà vu à la page 34 qu'un centre de pions facilite grandement l'action des Fous.

La meilleure position des pions pour les Blancs est d4 et e4, c'est la position idéale. En optant pour cette formation, il faut constamment garder à l'esprit que l'adversaire peut attaquer ce centre, étant donné que les pions ne se protègent pas mutuellement.

Mais la formation de pions en elle-même est forte, elle contrôle pas moins de quatre cases importantes (c5, d5, e5, f5).

Les positions les plus solides pour les Blancs sont d3/e4 ou e3/d4, mais la liberté d'action est inférieure dans celles-ci que dans la position idéale. Une formation centrale plus passive pour les Blancs est d3/e3. Tôt ou tard cette formation évoluera en d3/e4 et cela nous amène à notre seconde question.

2) *Qu'est-ce qui est le mieux : une occupation du centre immédiate ou différée ?*

Dans la partie écossaise montrée précédemment, nous avons vu que les Blancs étaient les premiers à occuper le centre, mais qu'à la longue ce sont les Noirs qui ont remporté le combat pour l'occupation du centre. Le fameux dicton : « premier arrivé, premier servi » ne s'applique par conséquent pas dans ce cas. Nous pouvons toutefois affirmer ce qui suit.

Celui qui n'occupe pas le centre ou qui ne centralise pas (ou qui centralise trop lentement) ses forces risque le pire. Si l'on désire retarder l'occupation du centre, il faut a minima diriger ses pièces en direction du centre. Cela est le cas dans le second exemple (défense sicilienne) : les Noirs n'occupent pas le centre, mais toutes leurs forces sont dirigées dans sa direction : leur Dame en c7, leur Cavalier en c6, leur Cavalier en f6, leur pion en d6 et leur pion en e6. Dans le premier exemple (partie écossaise), les Noirs ont remporté le combat au centre à cause de la centralisation efficace de leurs pièces : le Cavalier en c6, le Cavalier en f6, le Fou en b4 et plus tard, à la place du Cavalier, le pion en c6.

Dans le début Réti, les Blancs commencent par développer leurs pièces en direction du centre avant que son occupation effective ait lieu : 1.♘f3 d5 2.c4 e6 3.b3 ♘f6 4.♗b2 ♗e7 5.e3 0-0 6.♗e2, et maintenant en fonction de ce que joueront les Noirs, les meilleures suites pour les Blancs sont d2-d4 ou d2-d3 suivi de e3-e4. Les coups ♘f3 et c4 sont très importants dans cette ouverture. Quiconque négligerait ces coups et jouerait seulement g3, ♗g2 et b3, ♗b2 centraliserait trop lentement ses forces et ne pourrait plus obtenir une position convenable au centre : 1.g3 d5 2.♗g2 e5 3.b3 ♘f6 4.♗b2 ♘c6. Les Noirs ont obtenu la formation idéale sans avoir pris beaucoup de risques et possèdent les meilleures chances au centre. En outre, ils disposent d'une plus grande liberté d'action qui se manifestera pleinement après 5.e4 d4 ou 5.d4 e4.

Pour finir le troisième principe stratégique.

3. Les cases fortes

Quiconque conçoit un plan à partir du placement favorable de certaines pièces doit s'assurer que cette formation ne peut pas être contestée par l'adversaire à aucun moment.

Les Blancs ne doivent pas jouer leur Dame en e5 avec l'intention de lancer une attaque de mat sans tenir compte de la possibilité que la Dame puisse être repoussée par l'une des pièces adverses (par exemple un Cavalier en c6). De même, il ne faut pas placer un Cavalier blanc sur g5 où il peut être chassé immédiate-

2. Stratégie : les principes généraux

ment par ...h7-h6 (à moins que le coup ...h7-h6 constitue, pour une raison ou une autre, une faiblesse dans la position adverse).

Ainsi, il est de la plus haute importance de chercher des cases sûres sur lesquelles placer activement les pièces. De telles cases sont avant tout celles qui ne sont pas contrôlées par des pions adverses. Ce sont celles-là qu'il faut examiner en premier lieu. Bien entendu, seules les cases qui se trouvent dans le voisinage du lieu où se déroule la bataille et sur lesquelles la supériorité peut être conservée durant toute la partie doivent être prises en considération. Nous appelons de telles cases *des cases fortes*.

Par exemple, dans la partie du chapitre un (voir le diagramme 4 à la page 21), la case noire c5 est une case forte pour les Blancs, ou pour le dire de manière inverse, une case faible pour les Noirs. À la suite d'une manœuvre incorrecte des Blancs, les Noirs eurent la possibilité de se débarrasser de cette faiblesse.

Ainsi, c'est un principe stratégique général de s'efforcer de créer des cases fortes et de les occuper. A contrario, il faut essayer d'éviter d'avoir de telles faiblesses dans sa propre position, ou du moins d'empêcher qu'elles soient occupées par l'adversaire.

Les deux exemples suivants montrent l'importance des cases fortes.

Dans le diagramme n° 9, nous avons l'occasion de mettre en lumière une controverse bien connue des théoriciens éminents : la question du pion dame isolé. Le pion dame blanc en d4 est seul, c'est pour cela qu'il est appelé *isolé*. La case qui se trouve devant le pion isolé sera forcément entre les mains des Noirs, car les Blancs ne pourront jamais la contrôler suffisamment. En revanche, le pion isolé est un *pion central* permettant aux pièces blanches d'occuper c5 et e5, augmentant en même temps la liberté d'action des Blancs.

Dans certains cas, les avantages du pion dame isolé prédominent (spécialement dans l'ouverture et au dé-

2. Stratégie : les principes généraux

but du milieu de partie), dans d'autres, ce sont les désavantages qui l'emportent (la plupart du temps en finale ou dans le milieu de partie après que les pièces mineures aient été échangées).

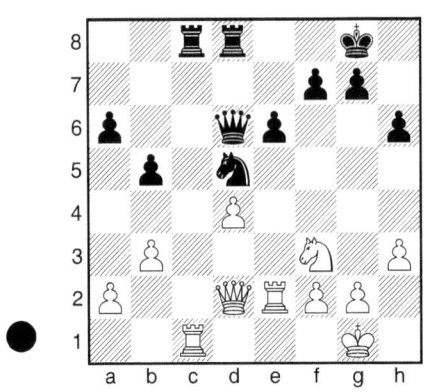

DIAG. N° 9
Partie Regedzinski – Rubinstein, Lodz 1917

Dans cette position, les Noirs ont un grand avantage : ils occupent la case d5 avec leur Cavalier, ce qui a comme conséquence d'augmenter considérablement la valeur de cette pièce, d'autant plus que d5 est une case centrale qui est un carrefour permettant l'accès aux deux ailes.

26...♕f4![6]

Le Cavalier en d5 contrôle son aile gauche. Les Blancs ne peuvent pas échanger les Dames parce qu'ils perdraient la qualité par 27.♕xf4 ♘xf4 28.♖ee1 (ou 28.♖ec2) 28...♘e2+!

---

[6] Les coups précédents de cette partie ont été : 1.d4 d5 2.♘f3 ♘f6 3.c4 e6 4.♗g5 ♘bd7 5.♘c3 ♗e7 6.e3 0-0 7.♗d3 dxc4 8.♗xc4 a6 9.0-0 b5 10.♗d3 ♗b7 11.♕e2 c5 12.♖ad1 cxd4 13.exd4 ♘b6 14.♘e4 ♘xe4 15.♗xe7 ♕xe7 16.♗xe4 ♖fd8 17.♖d3 ♗xe4 18.♕xe4 ♖ac8 19.♖fd1 ♘d5 20.♖3d2 ♘f6 21.♕e3 ♕b7 22.h3 h6 23.♖e2 ♕d5 24.b3 ♕d6 25.♖c1 ♘d5 26.♕d2 (note de l'éditeur francophone).

2. Stratégie : les principes généraux

27.♖c2

On peut très bien comprendre que les Blancs ne veuillent pas céder la colonne c aux Noirs en jouant 27.♖xc8. Mais ils seront contraints de le faire très bientôt.

27...♕xd2 28.♖exd2 ♖xc2 29.♖xc2

Il semblerait que le dernier échange des Noirs ait été erroné, puisque les Blancs contrôlent à présent la colonne c, mais le coup suivant nous montre qu'il en est autrement.

29...♘b4!

Le Cavalier va sur son aile droite. La Tour blanche doit continuer à défendre le pion a2 et abandonner la colonne c.

30.♖b2 ♖c8! 31.♔f1 ♖c1+

La manière bien connue d'exploiter une colonne ouverte : la Tour pénètre dans la position blanche via la huitième rangée.

32.♔e2 ♖a1

Et les Noirs capturent le pion a2[7].

---

[7] La fin de la partie fut : 33.♔d2 ♖xa2 34.♖xa2 ♘xa2 35.♘e5 ♘b4 36.♘d7 f6 37.g3 ♔f7 38.♘b6 ♔e7 39.♔c3 a5 0-1 (note de l'éditeur francophone).

2. Stratégie : les principes généraux

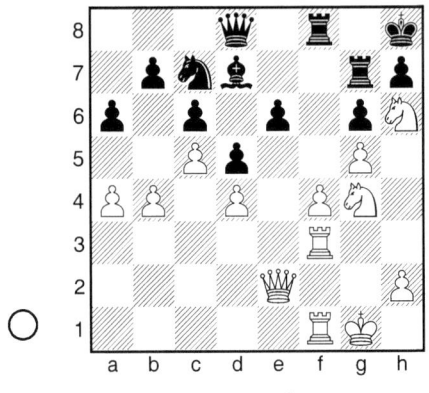

DIAG. N° 10
Partie Schlechter – John, Barmen 1905

Les Noirs ont deux cases très faibles dans cette position : e5 et f6, que les Blancs peuvent occuper sans difficulté.

36.♕e5[8]

C'est l'un des cas rares où c'est la Dame qui occupe une case forte. En général, cette tâche est confiée aux Cavaliers ou aux Fous. Cela est facile à expliquer. Si un Cavalier ou un Fou n'est pas menacé par des pions adverses, son poste est aussi bon que sûr. Une menace par une pièce adverse peut être parée en protégeant le Cavalier ou le Fou en question. En revanche, cela n'est pas le cas avec la Dame : elle ne doit être menacée ni par les pions ni par toutes les autres pièces adverses. L'occupation d'une case forte par la Dame ne peut être

---

[8] Les coups précédents de cette partie ont été : 1.d4 d5 2.c4 e6 3.♘c3 f5 4.♘f3 c6 5.♗f4 ♗d6 6.e3 ♘f6 7.♗d3 ♕c7 8.g3 0-0 9.0-0 ♘e4 10.♕b3 ♔h8 11.♖ac1 ♗xf4 12.exf4 ♕f7 13.♘e5 ♕e7 14.♗xe4 fxe4 15.f3 exf3 16.♖ce1 ♕c7 17.♕a3 ♔g8 18.♖xf3 ♘a6 19.b3 ♕d8 20.c5 ♘c7 21.♕b2 ♗d7 22.♕c2 ♕e7 23.♖ef1 ♖ae8 24.g4 ♗c8 25.♖h3 g6 26.b4 ♕f6 27.♖hf3 ♖e7 28.a4 a6 29.♘d1 ♖g7 30.♘e3 ♕e7 31.g5 ♗d7 32.♘3g4 ♗e8 33.♘h6+ ♔h8 34.♕e2 ♕d8 35.♘eg4 ♗d7 (note de l'éditeur francophone).

2. Stratégie : les principes généraux

envisagée que si aucune pièce adverse ne peut s'approcher facilement d'elle. C'est le cas dans cette position : Le Fou en d7 et les Tours f8 et g7 des Noirs ne peuvent pas atteindre la Dame blanche en e5, tout comme le Cavalier noir en c7.

36...♘e8

Avec l'intention de continuer par ...♕c7 et d'échanger la Dame bien postée.

37.♖h3 ♕c7 38.♘f6!

L'occupation de la seconde case forte ! Les Noirs peuvent éliminer le Cavalier, mais alors il serait remplacé par un puissant pion passé qui conduirait au gain immédiat de la qualité.

La position noire est à présent très précaire. S'ils n'échangent pas les Dames, l'attaque blanche sera rapidement décisive (quatre pièces contre une position du Roi affaiblie). Par exemple 38...♕d8 39.♘xh7!

38...♕xe5

La position du Cavalier blanc en f6 est encore renforcée, mais si l'échange des Dames était différé, alors suivrait 38...♗c8 39.♘xe8 ♖xe8 (39...♕xe5? 40.fxe5 ♖xe8 41.♖hf3, etc.) 40.♘g4 (menaçant ♖xh7+) 40...♖f8 41.♘f6 ♕xe5 42.fxe5, et la position noire ne serait pas meilleure que celle qui résulte de la suite jouée dans la partie.

39.fxe5

Le Cavalier blanc en f6, défendu par les deux pions e5 et g5, a la position la plus puissante possible. Pour cette raison, un échange éventuel de ce Cavalier n'est pas très attrayant pour les Noirs.

39...♖e7 40.♖hf3 ♘xf6

2. Stratégie : les principes généraux

La menace blanche était 41.♘xd7 ♖xf3 42.♖xf3 ♖xd7 43.♖f8+ et le mat suit.

41.♖xf6

Plus fort que exf6. Les Noirs sont forcés d'échanger encore une fois.

41...♖xf6 42.exf6

La conséquence de la supériorité des Blancs sur e5 et f6 consiste, outre le pion passé protégé, à fournir au Roi blanc une voie d'accès (via e5) à la position noire. C'est pourquoi les Blancs ont repris avec le pion e5.

Les Blancs gagnèrent facilement la partie de la manière suivante.

42...♖e8 43.♘f7+ ♔g8 44.♘e5 ♖d8 45.♔g2 ♔f8 46.h4 ♗e8 47.♔f3 ♗f7 48.♔f4 ♗e8 49.♖b1 ♔f8 50.b5[9] **axb5 51.axb5 ♗e8 52.bxc6 ♗xc6 53.♘xc6 bxc6 54.♔e5, etc. (1-0).**

Dans les exemples ci-dessus, nous avons vu l'importance d'une case forte. Nous ne désirons pas approfondir davantage la façon dont les cases fortes peuvent apparaître, la manière de les exploiter, etc., car l'analyse de ces questions et d'autres similaires nous mènerait trop loin.

---

[9] En réalité, il semblerait que John ait abandonné la partie avec les Noirs déjà après le coup 50.b5 (note de l'éditeur francophone).

3. STRATÉGIE : LES PRINCIPES SPÉCIFIQUES

Les principes spécifiques de la stratégie s'appliquent uniquement si la position présente certaines caractéristiques. Pour les examiner, nous procéderons de la même manière que dans le chapitre précédent et, tout d'abord, considérons les principes généraux suivants de l'art de la guerre.

1) Attaquer l'adversaire là où l'on est supérieur.
2) En règle générale, concentrer l'attaque contre les forces adverses immobiles ou celles dont la mobilité est réduite.

Adaptons ces principes aux échecs.

1. Prendre l'initiative là où l'on est le plus fort

Ce principe est mis en pratique de différentes manières.

A) Si l'on possède une majorité de pions sur l'une des ailes ou au centre, le but doit être de pousser cette majorité.
B) Si l'on possède une supériorité de forces mobilisables en face d'une aile roi (ou d'une aile dame) faiblement défendue, alors cela doit être identifié comme étant le signal sans équivoque qu'il faut attaquer.

A) La partie du chapitre un a déjà montré la conséquence importante d'une répartition des pions asymétrique. Dans cette partie, les Blancs avaient une majorité de pions sur l'aile roi et les Noirs possédaient quatre pions contre trois sur l'aile dame. En fait, toute la partie s'est articulée autour de ces majorités. Après

3. Stratégie : les principes spécifiques

l'explication détaillée de cette partie, il suffira d'énoncer les trois points suivants.

1) Le but principal des avances de pions dans de tels cas est d'obtenir un pion passé. Simultanément, les pièces qui soutiennent l'avance augmentent leur champ d'action. Dans le même temps, l'espace dont disposent les forces de défense se réduit.

2) L'avance des pions de l'aile roi est plus avantageuse que celle sur l'autre aile, car elle menace aussi le Roi adverse. Toutefois, l'inconvénient est que l'avance de pions sur l'aile roi prive son propre Roi de leur protection, et qu'en même temps le Roi adverse peut jouer un rôle très important dans le contrôle d'un pion passé. Par conséquent, une règle pour la finale sera que la majorité sur l'aile dame aura davantage de valeur, car une attaque sur le Roi avec du matériel réduit n'est plus tellement à craindre.

3) L'avance doit être exécutée, si possible, d'une manière compacte. Dans la partie du chapitre un, le pion blanc e5 était trop avancé : les Blancs ont eu besoin de deux coups (f2-f4-f5) pour fournir un voisin à ce pion. Dans la situation analogue, les Noirs n'ont eu besoin que d'un seul coup (...c7-c5). C'est l'une des raisons pour lesquelles les Noirs ont dominé le jeu durant la première phase de cette partie.

B) Une supériorité de pièces immédiatement disponible pour attaquer peut souvent conduire à une attaque rapidement décisive contre le Roi.

Dans le diagramme n° 11, les Blancs possèdent une supériorité sensible sur l'aile roi : le Fou en c3 et le Cavalier en d5 forment conjointement avec le pion g4 et le pion h4 les troupes de choc, la Dame en d2 et le Fou en g2 sont des réserves immédiatement disponibles. Les Blancs gagnèrent rapidement de la manière suivante.

3. Stratégie : les principes spécifiques

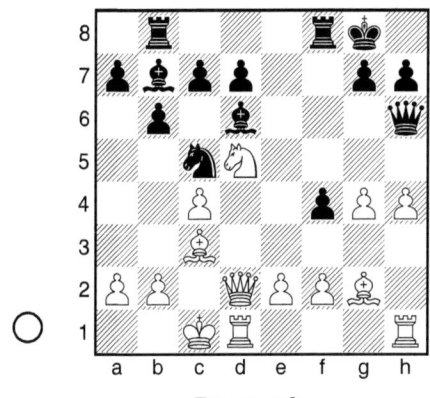

Diag. N° 11
Partie Rioumine – Euwe, Léningrad 1934

19.g5[10] **♕e6 20.♕d4**

Menace mat.

20...♕f7 21.h5!

Les pions blancs g et h ont avancé un peu et maintenant menacent aussi bien h6 (coup auquel les Noirs ne peuvent pas répondre ...g6) que g6, qui conduit après 21...hxg6 23.hxg6 ♕xg6 24.♖dg1 à une ouverture décisive des colonnes g et h.

L'attaque par les pions a ainsi un but double : menacer des endroits importants dans la position adverse et forcer l'ouverture des colonnes pour les Tours.

21...♘e6 22.♕d3 ♘c5

---

[10] Les coups précédents de cette partie ont été : 1.c4 e5 2.♘c3 ♘c6 3.♘f3 ♘f6 4.d4 e4 5.♘d2 ♘xd4 6.♘dxe4 ♘e6 7.g3 ♘xe4 8.♘xe4 f5 9.♘c3 ♗b4 10.♗d2 0-0 11.♗g2 f4 12.♘d5 ♗d6 13.♗c3 ♖b8 14.♕d3 ♕g5 15.h4 ♕h6 16.g4 ♘c5 17.♕d2 b6 18.0-0-0 ♗b7 (note de l'éditeur francophone).

3. Stratégie : les principes spécifiques

Après 22...♘xg5, il suivrait 23.h6! ♕f5 (23...g6! 24.♘f6+) 24.hxg7 ♖f7 25.♕xf5 (le plus simple) 25...♖xf5 26.♖hg1 (comme à présent le ♗g2 est défendu, ♘f6+ menace) 26...♔f7 27.♘xc7!, etc. Dans tous les cas, le fort pion blanc passé g7, la conséquence de l'attaque par la marée de pions, est décisif.

23.♕d2

Les Noirs essayèrent à présent le coup désespéré **23...f3**, mais après **24.g6 ♕f4 25.♘xf4 ♗xf4 26.e3 fxg2 27.♖h4**, ils abandonnèrent rapidement[11].

Plus la barrière de pions devant le Roi est endommagée, plus une attaque contre le Roi a des chances de réussir.

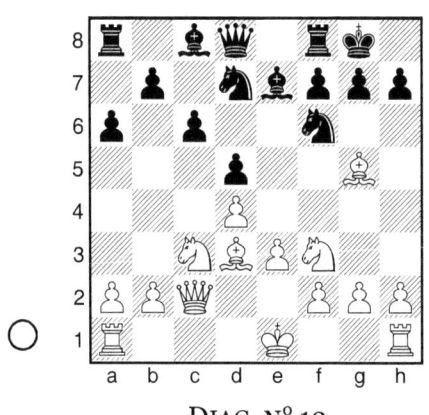

DIAG. N° 12
Partie Botvinnik – Alatortsev, Léningrad 1934

Les Blancs n'ont en réalité pas de réelle supériorité sur l'aile roi, mais ils voient la possibilité d'affaiblir la barrière de pions adverse par la belle manœuvre suivante.

---

[11] La fin de la partie fut : 27...♗g5 28.gxh7+ ♔xh7 29.♕c2+ ♔g8 30.♖g4 ♘e6 31.f4 ♗f3 32.♖xg2 1-0 (note de l'éditeur francophone).

3. Stratégie : les principes spécifiques

10.g4![12]

Ce coup menace 11.♗xf6 gagnant un pion.

10...♘xg4

Un échange défavorable du pion blanc g4 contre le pion noir h7 : les Blancs obtiennent une colonne ouverte (la colonne g) pour l'attaque et la position du Roi noir est affaiblie (à cause de l'absence du pion h7). 10...h6 aurait été un coup plus fort pour les Noirs, même si les Blancs auraient conservé de meilleures chances.

11.♗xh7+ ♔h8 12.♗f4

Les Blancs évitent l'échange afin de ne pas donner aux Noirs la possibilité de mouvoir leurs pièces avec plus de facilité.

12...♘df6

Après 12...g6, le sacrifice 13.♗xg6 fxg6 14.♕xg6 ♘df6 15.h3 aurait décidé du sort de la partie.

13.♗d3 ♘h5 14.h3! ♘gf6 15.♗e5 ♘g8

Les Noirs essaient désespérément de renforcer leurs défenses.

16.0-0-0 ♘h6 17.♖dg1 ♗e6 18.♕e2 ♗f5

Espérant affaiblir l'attaque blanche par un échange.

19.♗xf5 ♘xf5 20.♘h4

---

[12] Les coups précédents de cette partie ont été : 1.d4 e6 2.c4 d5 3.♘f3 ♗e7 4.♘c3 ♘f6 5.♗g5 0-0 6.e3 a6 7.cxd5 exd5 8.♗d3 c6 9.♕c2 ♘bd7 (note de l'éditeur francophone).

3. Stratégie : les principes spécifiques

Une belle pointe finale par laquelle les Blancs gagnent au moins une pièce. Par exemple : 20.♘h4 ♗xh4 21.♕xh5+ ♔g8 22.♕xf5, ou 20...♘xh4? 21.♕xh5+ et le mat suit.

Dans de nombreux cas, l'attaque triomphe parce que l'avance de pions au centre a privé les pièces défensives de leurs meilleures cases.

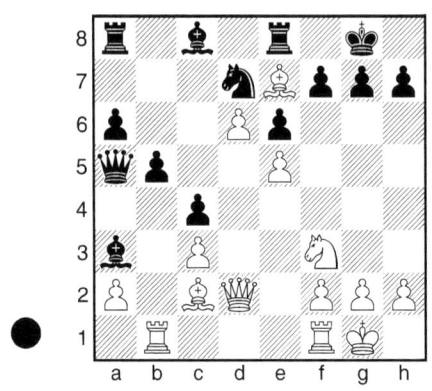

Diag. n° 13
Partie Euwe – Michell, Hastings 1935

La position du Roi noir est tout à fait incapable d'endiguer l'attaque des pièces blanches, car les pions blancs avancés du centre (les pions e5 et d6) entravent considérablement l'action des pièces noires en défense. Les Blancs menacent déjà de conclure la partie avec 20.♗f6! suivi par exemple de 20...gxf6 21.exf6 ♘xf6 22.♕g5+ ♔f8 23.♕h6+ ♔g8 24.♕xf5 ♗xd6 25.♘g5, etc. Les Noirs jouent la seule ressource défensive contre cette menace.

19...h6[13] 20.♖fe1

---

[13] Les coups précédents de cette partie ont été : 1.♘f3 d5 2.d4 ♘f6 3.c4 e6 4.♘c3 c6 5.♗g5 ♘bd7 6.e3 ♕a5 7.cxd5 ♘xd5 8.♕d2 ♗b4 9.♖c1 c5 10.e4 ♘xc3 11.bxc3 ♗a3 12.♖b1 0-0 13.♗d3 a6

3. Stratégie : les principes spécifiques

Les Blancs peuvent gagner de différentes manières s'ils réussissent seulement à maintenir la configuration de pions e5/d6. Le coup de la partie, qui prépare le transfert de la Tour sur l'aile roi, est le chemin le plus simple pour atteindre ce but.

20...♗b7 21.♘d4 ♗c5 22.♖e3 ♘f8

D'autres coups ne sont pas meilleurs. Par exemple : 22...♗xd4 23.♕xd4 ♕xa2 24.♕d2 (♗h7+ menace) 24...♕a5 25.♖g3 ♘xe5 26.♕xh6 ♘g6 27.♗xg6! gxh6 28.♗f5+ et mat au prochain coup.

23.♖g3

Le Roi noir ne peut pas résister à quatre pièces en attaque (♕d2, ♖g3, ♗c2 et ♗e7).

23...♗xd4 24.♖xg7+ ♔xg7 25.♗f6+ ♔g8 26.♕xh6 et mat au prochain coup.

2. En général, diriger l'attaque contre les pions immobilisés

Le mot « attaque » a ici une signification différente de celle dans les exemples précédents. Ici, il n'est pas question d'une attaque contre le Roi, mais d'une menace contre l'un ou l'autre pion ou, plus généralement et mieux exprimé : il s'agit ici d'une action fondée sur l'immobilité d'un pion adverse.

Cette action ne conduit pas nécessairement à la capture du pion en question, mais peut par exemple provoquer l'ouverture d'une colonne ou conduire à d'autres avantages.

Il doit exister un endroit ou un objet d'attaque dans la position adverse, qui est appelé en allemand d'une

---

14.0-0 b5 15.d5 ♘b6 16.♗e7 ♖e8 17.d6 c4 18.♗c2 ♘d7 19.e5 (note de l'éditeur francophone).

manière très appropriée « Angriffsmarke »[14]. Nous allons expliquer ce que nous entendons par là au moyen de quelques exemples.

A) Le pion faible

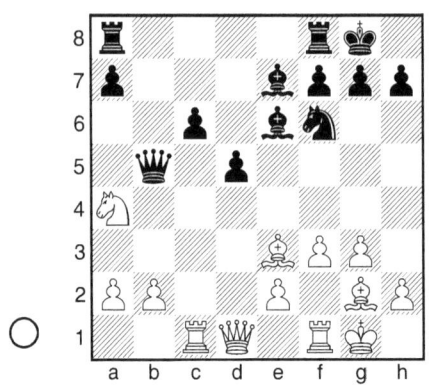

DIAG. N° 14
Partie Rubinstein – Salwe, Lodz 1908

Le pion noir c6 est faible, car il ne peut pas être défendu par d'autres pions et il se trouve sur une colonne ouverte. Il est par conséquent exposé à une attaque directe d'une Tour et de la Dame. Le pion c6 est l'objet de l'attaque et la stratégie des Blancs est déterminée par celui-ci. L'objectif est rendu immobile en occupant ou en contrôlant la case qui se situe devant lui (la case c5, qui est une case forte pour les Blancs), puis le maximum de pièces possible est mobilisé contre lui.

Il est possible que cette attaque directe n'aboutisse pas à la capture du pion faible parce que l'adversaire dispose d'un nombre suffisant de pièces en défense, mais dans ce cas l'attaquant peut obtenir indirectement un avantage parce que les pièces noires, contraintes de

---

[14] On pourrait traduire par « point d'attaque » (note de l'éditeur francophone).

3. Stratégie : les principes spécifiques

défendre le pion faible, deviennent incapables de développer correctement leur activité normale.

Observons maintenant cela à partir de la position du diagramme n° 14.

15.♗c5![15]

Occupation de la case forte.

15...♖fe8 16.♖f2

Cette Tour ira plus tard en c2 !

16...♘d7

Attaque la case forte des Blancs.

17.♗xe7 ♖xe7 18.♕d4!

Empêchant le coup noir ...c6-c5 et en même temps prépare à nouveau l'occupation de c5.

18...♖ee8 19.♗f1 ♖ec8

Les Noirs persistent à essayer de jouer ...c6-c5.

20.e3 ♕b7 21.♘c5

La case forte c5 est à présent définitivement aux mains des Blancs.

21...♘xc5 22.♖xc5 ♖c7 23.♖fc2 ♕b6 24.b4!

b4-b5 menace, avec le gain du pion c6.

24...a6 25.♖a5

---

[15] Les coups précédents de cette partie ont été : 1.d4 d5 2.♘f3 c5 3.c4 e6 4.cxd5 exd5 5.♘c3 ♘f6 6.g3 ♘c6 7.♗g2 cxd4 8.♘xd4 ♕b6 9.♘xc6 bxc6 10.0-0 ♗e7 11.♘a4 ♕b5 12.♗e3 0-0 13.♖c1 ♗g4 14.f3 ♗e6 (note de l'éditeur francophone).

Les Blancs ont découvert un second pion faible. Les manœuvres contre les deux pions faibles simultanément conduiront rapidement au gain.

25...♖b8

25...♕xd4 26.exd4 aurait coûté un pion, car 26...♗c8 n'est pas possible en raison de 27.♖xd5.

26.a3

Défend le pion b4. À présent, la perte d'un pion ne peut plus être évitée.

26...♖a7 27.♖xc6! ♕xc6 28.♕xa7 et les Blancs gagnent[16].

B) *Le pion immobilisé sur une colonne semi-ouverte*

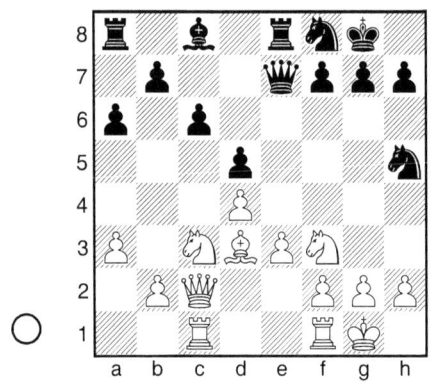

DIAG. N° 15
Partie Bogoljubov – Rubinstein, San Remo 1930

---

[16] La fin de la partie fut : 28...♖a8 29.♕c5 ♕b7 30.♔f2 h5 31.♗e2 g6 32.♕d6 ♕c8 33.♖c5 ♕b7 34.h4 a5 35.♖c7 ♕b8 36.b5 a4 37.b6 ♖a5 38.b7 1-0 (note de l'éditeur francophone).

3. Stratégie : les principes spécifiques

Le pion noir c6 et l'objet de l'attaque, mais d'une manière assez différente de celle de l'exemple précédent. Ce pion est bien défendu (par le pion b7), par conséquent sa capture semble complètement hors de question.

Nous allons comprendre grâce à la suite de la partie à quoi est due la faiblesse de ce pion.

14.b4![17]

La méthode indiquée.

14...♗e6 15.♕b2

Protège le pion b4, ainsi a3-a4 et b4-b5 peuvent suivre.

15...♖ad8 16.a4! g5

Contre-attaque sur l'autre aile.

17.b5! axb5 18.axb5

Les Blancs ont atteint leur but : les Noirs ont à présent le choix désagréable entre échanger en b5 avec comme résultat que leurs deux pions, le pion b7 et le pion d5, deviennent faibles, ou laisser échanger en c6 avec comme conséquence que leur pion résultant en c6 deviendra une réelle faiblesse comme celle de notre exemple précédent. En général le second choix est préférable, car il n'en résulte qu'une seule faiblesse.

Il s'en est suivi

18...g4 19.♘d2 ♗c8 20.♖fe1

---

[17] Les coups précédents de cette partie ont été : 1.d4 d5 2.♘f3 ♘f6 3.c4 e6 4.♗g5 ♘bd7 5.e3 ♗e7 6.♘c3 0-0 7.♖c1 ♖e8 8.a3 a6 9.cxd5 exd5 10.♗d3 c6 11.0-0 ♘f8 12.♕c2 ♘h5 13.♗xe7 ♕xe7 (note de l'éditeur francophone).

3. Stratégie : les principes spécifiques

Un coup défensif : les Blancs ne sont pas pressés d'échanger en c6.

20...f5 21.♞a2 ♜d6 22.bxc6 bxc6 23.♕b6 ♝d7 24.♞b4 ♞f6 25.♜c2 ♞e4 26.♝xe4 fxe4 27.♜ec1, et les Blancs capturèrent le pion noir faible c6 huit coups plus tard[18].

Ainsi, dans ce cas, l'action contre l'objet de l'attaque a conduit également à sa capture. Dans l'exemple suivant, un objectif différent est poursuivi.

C) *Le pion immobilisé qui fait partie d'une chaîne de pions*

Dans le diagramme n° 16, le pion noir f6 est immobilisé et les Blancs peuvent en profiter en poussant leur pion g en g5 et ensuite forcer l'ouverture d'une colonne en échangeant les pions en g5 ou en f6. Une suite immobile de pions est appelée *une chaîne de pions*. Dans son livre *Le blocage*[19], Nimzowitsch énonce la règle selon laquelle l'attaque doit toujours être dirigée contre la base de la chaîne de pions, c'est-à-dire contre le pion le plus en arrière de la chaîne, dans notre cas le pion noir f6.

---

[18] La fin de la partie fut : 27...♕f6 28.♕b7 ♜e7 29.♕a8 ♜f7 30.♞f1 h5 31.♞g3 h4 32.♞h5 ♕g5 33.♕b8 ♜h6 34.♞f4 g3 35.♞xc6 gxf2+ 36.♔xf2 ♝xc6 37.♜xc6 ♜xc6 38.♜xc6 h3 39.gxh3 ♕h5 40.♔e1 ♕f3 41.♜g6+ ♔h7 42.♜g3 ♕h1+ 43.♔d2 ♕a1 44.♕c8 ♕a2+ 45.♔e1 ♕a1+ 46.♔e2 ♕b2+ 47.♔f1 ♕g6 48.♕g4 ♕xf4+ 49.exf4 ♕c1+ 50.♔f2 ♕d2+ 51.♔g1 ♕c1+ 52.♔f2 ♕d2+ 53.♕e2 ♕xd4+ 54.♕e3 ♕b2+ 55.♔f1 ♕a1+ 56.♔e2 ♕b2+ 57.♔d1 ♕b1+ 58.♕c1 ♕xc1+ 59.♔xc1 ♞xf4 60.♜g4 ♞e6 61.♔d2 ♔h6 62.♔e3 ♔h5 63.♜g8 ♔h4 64.♜g6 ♞c7 65.♜c6 ♞e8 66.♜c8 ♞d6 67.♜d8 ♞c4+ 68.♔f4 ♔xh3 69.♜xd5 e3 70.♔f3 ♔xh2 71.♜c5 ♞d2+ 72.♔xe3 ♞f1+ 73.♔f2 ♞g3 74.♜e5 ♔h1+ 75.♔f3 ♞g3 76.♜g5 ♞f1 77.♔f2 1-0 (note de l'éditeur francophone).

[19] Il existe une édition francophone récente de cet ouvrage : Nimzowitsch Aron, *Le blocage*, Éditions Olibris, Montpellier, 2012 (note de l'éditeur francophone).

3. Stratégie : les principes spécifiques

Les Noirs, en revanche, dirigent leur attaque contre le pion blanc c4. Les Noirs peuvent ouvrir la colonne b à n'importe quel moment. Le pion blanc c4 est tout autant un objet d'attaque pour les Noirs que le pion noir f6 l'est pour les Blancs, mais l'ouverture de la colonne g est d'une importance plus grande que l'ouverture de la colonne b, car la première mène au Roi noir.

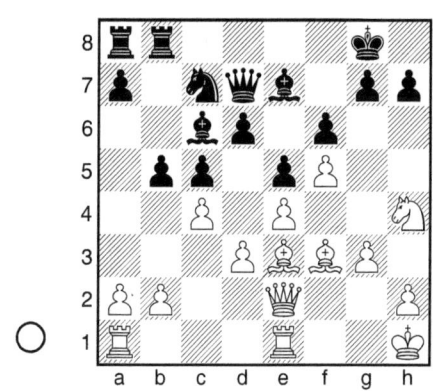

DIAG. N° 16
Partie Réti – Grünfeld, Semmering 1926

20.g4[20] ♘e8 21.♔g2 ♕d8

Dans le but de viser la case g5.

22.♖e2 a5 23.♖g1 ♖b7

À présent, les Blancs peuvent très bien jouer 24.g5 forçant l'ouverture de la colonne g, mais cela impliquerait un échange des Dames : 24...fxg5 25.♗xg5 ♗xg5 26.♕xg5 ♕xg5 27.♖xg5, et il en résulterait une finale

---

[20] Les coups précédents de cette partie ont été : 1.♘f3 ♘f6 2.c4 e6 3.g3 b6 4.♗g2 ♗b7 5.0-0 ♗e7 6.♘c3 c5 7.d3 0-0 8.e4 d6 9.♖e1 e5 10.♘h4 ♘c6 11.f4 ♘d4 12.♘e2 ♘xe2+ 13.♕xe2 ♘e8 14.♘f3 ♘c7 15.♗e3 f6 16.f5 b5 17.♘h4 ♕d7 18.♗f3 ♖fb8 19.♔h1 ♗c6 (note de l'éditeur francophone).

3. Stratégie : les principes spécifiques

dans laquelle la colonne ouverte perdrait une grande partie de sa valeur. Il y a aussi d'autres raisons qui font que les Blancs ne jouent par g4-g5 pour le moment. En fait, les Blancs ne sont pas pressés de le faire : ils commencent par améliorer la position de leurs pièces.

24.♕h3 ♛b8

Attaquant le pion blanc b2.

25.♗c1 ♝d8 26.♘g2 ♜aa7 27.♘e3 h6 28.♘d5

Le Cavalier a atteint une meilleure case.

28...bxc4 29.dxc4 ♝xd5 30.exd5 ♚f8 31.♕f1

Le pion blanc h doit maintenant avancer pour rendre g4-g5 possible.

31...♚e7

Le Roi noir s'échappe avant que la percée g4-g5 ait lieu.

32.h4 ♚d7 33.♖h2 ♜a8 34.♗d1 a4 35.g5!

Enfin les Blancs considèrent que le bon moment est arrivé.

35...hxg5 36.hxg5 ♛a7 37.♖h8 ♝e7 38.♗h5 fxg5

Sinon il suivrait ♖h8-g8, ♗xe8+ et ♖g8xg7.

39.♖xe8!

Le début d'une combinaison belle et décisive. La fin fut

39...♜xe8 40.♕h3 ♝f6 41.♗xe8+ ♚xe8 42.♕h8+ ♚d7 43.♗xg5 ♚c7 44.♗xf6 gxf6 45.♖g7+ ♚b6

46.♕d8+ ♚a6 47.♕e8!, et les Noirs abandonnèrent.

L'attaque contre le pion noir f6 a conduit à l'ouverture des importantes colonnes g et h.

D) *Le pion immobilisé sur une diagonale*

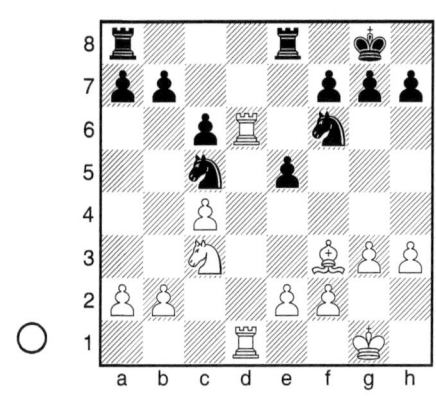

DIAG. N° 17
Partie Euwe – Noteboom, Amsterdam 1931

Tout comme dans les exemples A) et B), le pion noir c6 est à nouveau l'objet de l'attaque, mais à présent sur la diagonale du Fou des Blancs. L'avance du pion blanc b en b5 peut à nouveau constituer un problème difficile à résoudre pour les Noirs. Si les Noirs font l'échange en b5, alors la force du Fou blanc est augmentée, mais s'ils laissent faire l'échange en c6, alors leur pion c6 devient un pion faible. Dans ce cas, l'avance du pion blanc b conduit à une décision immédiate.

17.b4[21] **♘e6 18.b5!**

---

[21] Les coups précédents de cette partie ont été : 1.d4 ♘f6 2.c4 e6 3.♘f3 ♗b4+ 4.♗d2 ♕e7 5.g3 0-0 6.♗g2 ♗xd2+ 7.♕xd2 d6 8.♘c3 c6 9.0-0 e5 10.dxe5 dxe5 11.♖ad1 ♖e8 12.♕d6 ♕xd6 13.♖xd6 ♗g4

3. Stratégie : les principes spécifiques

Gagne un pion. 18...cxb5 n'est pas possible à cause de 19.♗xb7 ♖ab8 20.♗c6 et 21.cxb5. Ainsi les Noirs doivent laisser leur pion c en c6, ce qui signifie la perte de ce pion, étant donné que le pion c6 est attaqué trois fois et défendu seulement une fois[22].

Un exemple similaire, mais plus compliqué, est fourni par la belle partie entre Sämisch et Réti. Après le 21e coup, la position était la suivante.

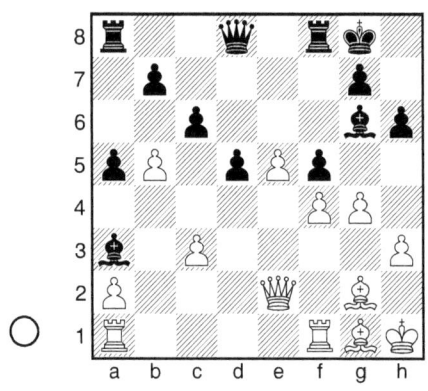

DIAG. N° 18
Partie Sämisch – Réti, Berlin 1920

Dans cette position, le pion noir c6 est l'objet de l'attaque qui résulte de la collaboration du Fou blanc en g2 et du pion blanc en b5. Sans cette collaboration, toute l'opération des Blancs perdrait sa valeur.

Il suivit

14.♖fd1 ♘bd7 15.h3 ♗xf3 16.♗xf3 ♘c5 (note de l'éditeur francophone).

[22] La fin de la partie fut : 18...♘d4 19.bxc6 ♘xf3+ 20.exf3 bxc6 21.♖xc6 ♖ec8 22.♖xc8+ ♖xc8 23.♘b5 ♔f8 24.♘xa7 ♖xc4 25.♖d8+ ♔e7 26.♖a8 ♘d5 27.♘b5 ♘c3 28.♖a7+ ♔f6 29.♖a6+ ♔e7 30.♘d6 ♖b4 31.♘f5+ ♔d8 32.♘xg7 ♖b1+ 33.♔g2 ♖e2 34.♖d6+ ♔c7 35.♖d2 ♘d4 36.f4 ♘c6 37.♘e8+ ♔b6 38.fxe5 ♘xe5 39.♘f6 ♔c5 40.♘xh7 1-0 (note de l'éditeur francophone).

3. Stratégie : les principes spécifiques

22.c4![23]

Si le pion b blanc n'était pas en b5, les Noirs pourraient répondre sans problème ...dxc4. Cependant, dans la position présente, cela coûterait un pion.

22...fxg4 23.hxg4 h5

La tactique bien connue de l'attaque sur l'autre aile, laquelle, toutefois, est vaine dans cette position.

24.gxh5 ♗f5

Les Noirs renoncent à leur intention première 24...♕h4+ 25.♔h2 ♗xh5 à cause de 26.♕d3 qui conduirait au gain d'au moins un pion.

25.cxd5 cxd5

Le pion noir d5 est à présent devenu très faible. La suite est évidente.

26.♖ad1 ♗e6 27.♕d3 ♖f5 28.♗xd5 ♖xh5+ 29.♔g2 ♗xd5+ 30.♕xd5+ ♕xd5+ 31.♖xd5, etc.[24]

C'est un principe stratégique important que les pions doivent avancer sur l'aile où ils sont soutenus par leur propre Fou. L'application de cette règle a déjà été constatée dans les exemples précédents, mais elle est encore mieux exprimée dans la partie suivante.

---

[23] Les coups précédents de cette partie ont été : 1.d4 ♘f6 2.♘f3 d6 3.♗f4 ♗g4 4.♘bd2 ♘bd7 5.h3 ♗h5 6.c3 h6 7.e4 e5 8.♗h2 d5 9.g4 ♗g6 10.♘xe5 ♘xe5 11.dxe5 ♘xe4 12.♗g2 ♘c5 13.0-0 c6 14.♘b3 ♕b6 15.♘xc5 ♗xc5 16.♕e2 0-0 17.♔h1 f5 18.b4 ♗e7 19.f4 a5 20.♗g1 ♕d8 21.b5 ♗a3 (note de l'éditeur francophone).

[24] La fin de la partie fut : 31...♖f5 32.♗e3 ♖c8 33.♖fd1 ♖c2+ 34.♖1d2 ♖c4 35.♖d8+ ♖f8 36.♔f3 ♗c1 37.e6 ♗a3 38.f5 ♗e7 39.♖xf8+ ♔xf8 40.♖d7 ♖a4 41.♖xb7 ♗d6 42.♖d7 ♗e5 43.♗c5+ 1-0 (note de l'éditeur francophone).

3. Stratégie : les principes spécifiques

C. Skalicka – J. Addicks
Jouée durant l'Olympiade de Prague en 1931

1.e4 c5 2.♘c3 ♘c6 3.g3 g6 4.♗g2 ♗g7 5.♘ge2 ♖b8! 6.f4 d6 7.0-0 ♘f6 8.h3 ♗d7 9.d3 b5! 10.♗e3 0-0 11.♕d2 b4 12.♘d1 a5 13.c3 a4! 14.♘f2 a3!

Le point culminant de l'attaque des Noirs.

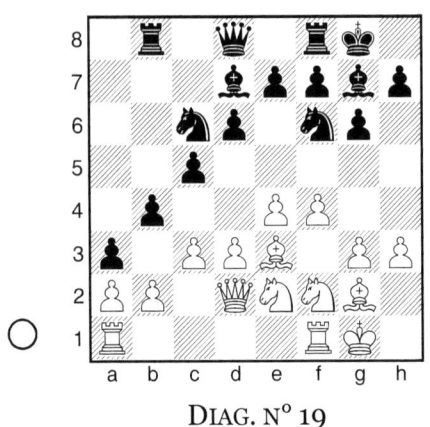

DIAG. N° 19

15.bxa3 bxc3 16.♘xc3 ♕a5 17.♖ab1 ♘g4 18.hxg4 ♗xc3 19.♕e2 ♘d4 20.♗xd4 ♗xd4 21.♖fc1 ♕xa3 22.♗f1 ♗e6 23.♖xb8 ♖xb8 24.♖c2 ♗d7 25.♕e1 ♗a4 26.♖e2 ♗c3, les Blancs abandonnent.

E) *Le pion avancé sur l'aile roi comme objet d'attaque*

Un pion avancé sur l'aile roi est toujours un objet d'attaque. Cela s'applique en règle générale à chaque pièce qui doit remplir une tâche précise.

Les pions sur l'aile roi ont pour tâche de protéger le Roi, et s'ils ont avancé, ils risquent d'être échangés contre d'autres pions. Si les Noirs, après avoir roqué, jouent ...h7–h6, les Blancs doivent toujours chercher une occasion de tirer parti de cette faiblesse en jouant

3. Stratégie : les principes spécifiques

g2-g4-g5. Dans la position ci-dessous, cela a été réalisé très facilement.

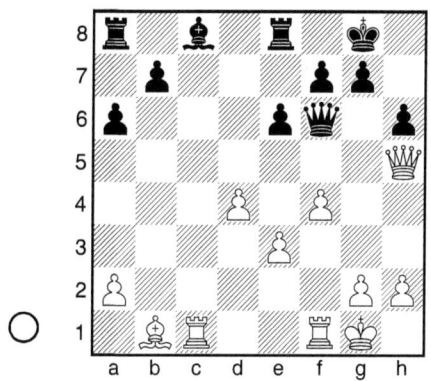

DIAG. N° 20
Partie Noteboom – Howell-Smith, Ramsgate 1929

22.g4![25]

Les Noirs sont déjà impuissants contre la menace blanche g4-g5, qui fait voler en éclats l'aile roi. Il suivit

22...♕e7 23.g5 f5 24.gxf6

Et les Noirs abandonnèrent, car après 24...gxf6, le coup 25.♖f3! clôt la partie.

La même chose s'est produite, mais pas sous une forme aussi simple, dans la partie entre Capablanca et Janowski à Saint-Pétersbourg en 1914.

---

[25] Les coups précédents de cette partie ont été : 1.d4 d5 2.c4 e6 3.♘c3 ♘f6 4.♗g5 ♘bd7 5.e3 ♗e7 6.♘f3 0-0 7.♖c1 c6 8.♗d3 h6 9.♗h4 dxc4 10.♗xc4 ♘d5 11.♗g3 ♘xc3 12.bxc3 c5 13.0-0 a6 14.♗d3 ♖e8 15.♗b1 cxd4 16.cxd4 ♘f8 17.♘e5 ♗d6 18.♕h5 ♗xe5 19.♗xe5 ♘d7 20.f4 ♘f6 21.♗xf6 ♕xf6 (note de l'éditeur francophone).

3. Stratégie : les principes spécifiques

> **J. R. Capablanca – D. Janowski**
> Jouée durant le Tournoi de Saint-Pétersbourg en 1914

1.e4 e5 2.♘f3 ♘c6 3.♗b5 a6 4.♗xc6 dxc6 5.♘c3 ♗c5 6.d3 ♗g4 7.♗e3 ♗xe3 8.fxe3 ♕e7 9.0-0 0-0-0 10.♕e1 ♘h6 11.♖b1

Avec l'intention évidente d'avancer les pions de l'aile dame afin de profiter du pion noir faible a6.

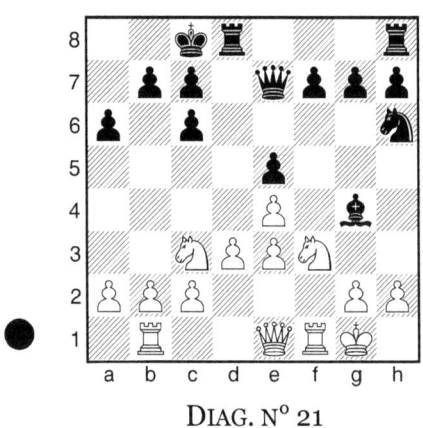

DIAG. N° 21

11...f6 12.b4! ♘f7 13.a4! ♗xf3 14.♖xf3 b6!

Ce n'est que de cette manière que les Noirs peuvent empêcher l'ouverture de colonnes pour l'attaque.

15.b5 cxb5 16.axb5 a5

Les Noirs ont obtenu ce qu'ils voulaient : la position sur l'aile dame est demeurée fermée, mais les Noirs n'ont pas pu s'échapper entièrement sans dommage. Les alentours de leur Roi sont faibles et les Blancs peuvent occuper la case d5 avec leur Cavalier (d5 est devenue une case forte pour les Blancs, car les Noirs ne peuvent pas jouer ...c7-c6 sans ouvrir la colonne b).

3. Stratégie : les principes spécifiques

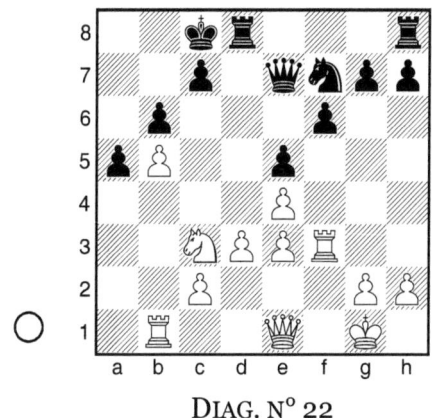

Diag. N° 22

Il a suivi

17.♘d5 ♕c5 18.c4 ♘g5 19.♖f2 ♘e6 20.♕c3 ♖d7 21.♖d1 ♔b7 22.d4! ♕d6 23.♖c2 exd4 24.exd4 ♘f4 25.c5!, etc.[26]

Nous terminerons notre chapitre sur la stratégie par une brève discussion sur la paire de Fous. Nous avons déjà attiré l'attention au chapitre un sur l'importance de la paire de Fous. En règle générale, deux Fous sont plus forts ensemble qu'un Fou et qu'un Cavalier, ou que deux Cavaliers. Mais il ne suffit pas de savoir qu'il y a une différence de force, il faut aussi avoir une connaissance approfondie de la façon de jouer qu'exige une partie avec la paire de Fous.

Nous découvrirons plus facilement quels principes spécifiques s'appliquent en comparant un Fou à un Cavalier. Bien que ces deux pièces aient à peu près la même valeur, elles diffèrent entièrement dans leur façon de se déplacer : le Fou peut parcourir de longues distances, mais reste toujours sur la même couleur ; le

---

[26] La fin de la partie fut : 25...♘xd5 26.exd5 ♕xd5 27.c6+ ♔b8 28.cxd7 ♕xd7 29.d5 ♖e8 30.d6 cxd6 31.♕c6 1-0 (note de l'éditeur francophone).

3. Stratégie : les principes spécifiques

Cavalier fait des sauts courts alternativement sur des cases noires et blanches.

Les principes stratégiques à respecter lorsque l'on a la paire de Fous sont les suivants

1) Jouer une partie ouverte : en quelque sorte « élargir » l'échiquier (ce qui est à l'avantage des Fous).

2) Si possible, manœuvrer sur les deux ailes simultanément (si le cœur du champ de bataille se déplace, alors le Fou se transfère plus rapidement que le Cavalier).

3) Pousser les pions le plus loin possible afin de priver le Cavalier adverse de cases. Que cela affaiblisse les pions est d'une importance moindre, car les Fous peuvent toujours les protéger même à distance. Une remarque importante en revanche est que les pions adverses peuvent devenir faibles et constituer du coup des objets d'attaque propices à la longue portée des Fous.

4. TACTIQUE : LA COMBINAISON EN GÉNÉRAL

Si nous partons du principe que la stratégie consiste à définir l'objet et à élaborer des plans en conséquence, et la tactique à exécuter ces plans, alors nous devons considérer *la combinaison* comme le point culminant de la tactique. Par combinaison, nous entendons une courte séquence de la partie dans laquelle un objectif précis est obtenu de manière forcée. Cette suite de coups forme un enchaînement logique qui ne peut pas être divisé. Lorsque ces coups sont regardés un par un, ils peuvent apparaître sans but ou même sembler être des erreurs, mais ensemble ils forment une unité extrêmement belle. Après une série de coups incompréhensibles en eux-mêmes, la solution surgit soudainement et sa finalité véritable apparaît distinctement. Il s'ensuit que le but doit déjà avoir été imaginé dès le premier coup de la combinaison. C'est la différence entre le jeu combinatoire et le jeu simple. Durant un court laps de temps, des règles spécifiques et non générales s'appliquent ; c'est en quelque sorte un état de choses exceptionnel qui prévaut.

Les combinaisons font toujours une impression esthétique. La manière dont l'improbable s'y conjugue à l'évidence, où le fantasme comme par magie se transforme en réalité, exerce sur chaque joueur d'échecs un pouvoir de séduction irrésistible. La combinaison a été considérée – et est toujours considérée à juste titre – comme le point culminant de l'art des échecs.

Les possibilités de combinaisons sont presque aussi illimitées que le nombre de gains sur l'échiquier mentionné dans la légende bien connue sur l'origine du jeu d'échecs.

Dans ce chapitre, nous étudierons dans quelle mesure ces combinaisons peuvent être plus ou moins or-

4. Tactique : la combinaison en général

ganisées et classées. À cette fin, nous allons d'abord examiner plus en détail l'essence même de la combinaison.

Toute combinaison, soigneusement analysée, comporte trois moments

A) Repérer *l'idée* de la combinaison.
B) Calculer *les coups* de la combinaison.
C) Évaluer *les conséquences* de la combinaison.

Ces trois moments sont d'égale importance. Celui qui omet A) et commence immédiatement en calculant toutes sortes de séries de coups procède d'une manière très improductive ; il perd du temps et de l'énergie, car ce n'est qu'exceptionnellement qu'une combinaison existe dans une position quelconque. Ainsi, il ne faut commencer à calculer que s'il y a des raisons de supposer que la position peut peut-être contenir une combinaison. Les raisons qui peuvent conduire à cette conviction seront examinées plus loin.

L'évaluation des conséquences vient ensuite. Il ne suffit pas d'effectuer une manœuvre ou de faire un sacrifice dans l'intention de placer ses propres pièces sur de bonnes cases ou de capturer du matériel adverse. Il faut être profondément convaincu que le résultat ne sera pas illusoire, que les pièces obtiennent réellement l'efficacité souhaitée ou que le gain matériel ne sera pas contrebalancé par des inconvénients. En effet, gagner du matériel demande souvent un déplacement un peu désavantageux d'une de ses propres pièces, ce qui peut facilement se révéler fatal. Ce n'est que dans le cas de combinaisons de mat que l'évaluation minutieuse de la situation résultant d'une combinaison est inutile. Il faut toutefois tenir compte du fait que ce genre de combinaisons est extrêmement rare.

On peut nommer les trois moments d'une combinaison *la conception*, *l'exécution* et *l'évaluation*. Les trois principales qualités correspondantes qui déterminent l'habileté combinatoire du joueur sont : *l'ingéniosité* ou

4. Tactique : la combinaison en général

l'imagination, la force mentale ou *la concentration*, et *la pratique* ou *la routine*.

Bien que ces compétences soient toutes trois d'une importance équivalente pour les combinaisons en général, ce n'est pas nécessairement le cas pour chaque combinaison considérée individuellement. Il existe des combinaisons dans lesquelles la conception est le moment le plus important et le plus difficile, tandis que leur exécution et leur évaluation sont relativement faciles. Dans le cas d'autres combinaisons, en revanche, bien que l'on sache clairement à l'avance où il faut les rechercher, il n'est pas simple de calculer leurs nombreuses ramifications.

Nous appellerons le premier type *des combinaisons accidentelles*. Elles arrivent de manière tout à fait inattendue, comme un coup de tonnerre dans un ciel bleu. Celles du second type, au contraire, découlent directement des principes stratégiques qui ont été mis en œuvre : elles participent à la réalisation de l'idée stratégique et s'inscrivent dans le plan de la partie. Nous les appellerons *des combinaisons systématiques*.

Si nous regardons à nouveau les combinaisons dans la partie du chapitre un, celle de la page 21 (♘a5, etc.) se rapproche le plus de la combinaison accidentelle, et celle de la page 28 (le coup en commentaire 35...♖a2, etc.) de la combinaison systématique. Voici un exemple de chacune de ces combinaisons.

Dans le diagramme n° 23, Bogoljubov a obtenu plusieurs avantages stratégiques : nous ne mentionnerons que la faiblesse du pion blanc a5, l'occupation de la case d5 et le contrôle de la diagonale h1-a8 par le Fou b7.

4. Tactique : la combinaison en général

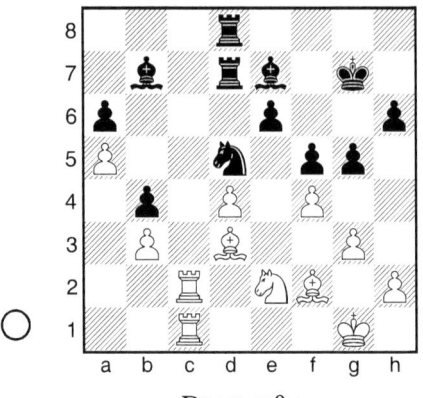

DIAG. N° 23

Alekhine – Bogoljubov, Villingen 1934, 4ᵉ partie du match pour le titre de Champion du monde

Bogoljubov essaie dans la position présente de rassembler ces avantages au moyen d'une combinaison systématique gagnante. Son dernier coup **47...g5** vise à forcer l'ouverture de la colonne g, après quoi la collaboration des Tours sur la colonne g avec le Fou en b7 braqué sur g2 devraient faire le reste.

Cependant, le trait est à Alekhine. Plusieurs de ses pièces sont inactives tant que la position demeure fermée, mais elles pourraient s'avérer très efficaces pour une combinaison dans une position ouverte.

Bogoljubov fait le jeu d'Alekhine dans la mesure où il essaie de combiner mais en même temps il abandonne le contrôle de la colonne c à son adversaire.

Le coup **48.g4!** donne lieu à une avalanche de possibilités, qui donne soudain un autre aspect à la position et, pour ainsi dire, électrise l'échiquier.

Sans méfiance, Bogoljubov poursuit le fil de ses considérations positionnelles

48...♘xf4 49.♘xf4 gxf4 50.gxf5 e5

4. Tactique : la combinaison en général

Bogoljubov pense déjà être en sécurité au port : le pion blanc d4 doit tomber et, en plus, les Noirs disposent de la menace ...e5–e4 avec laquelle il obtiendrait deux pions passés formidables.

Il suivit **51.♖e1 exd4** et eut alors lieu une réplique tout à fait inattendue. Les forces blanches sont adéquatement disposées pour la combinaison gagnante, de même que les pièces noires qui occupent aussi des positions favorables par rapport au déroulement de la combinaison

52.♖xe7+!! ♖xe7 53.♗h4 ♔f7 (la menace était en premier lieu f6+) **54.♗xe7 ♔xe7 55.♖c7+ ♖d7 56.f6+ ♔e8 57.♗g6+ ♔d8 58.f7!**, et gagne[27].

C'était tout à fait fortuit que toutes les pièces soient disposées de la sorte. Cela est cependant typique de la combinaison *réelle*, qui utilise toutes les particularités accidentelles de la position.

Les pièces noires, considérées en elles-mêmes, étaient extrêmement bien et efficacement placées. Cependant, la disposition en diagonale de la Tour noire en d8 et du Fou noir en e7, ainsi que la position en fourchette du Roi noir en g7 et du Fou noir en e7, tout comme la disposition alignée sur la 7e rangée du Fou en b7, de la Tour en d7, du Fou en e7 et du Roi en g7, et finalement le fait que le pion blanc f5 soit devenu un pion passé, toutes ces particularités ont eu une influence décisive sur la faisabilité de la combinaison.

Le diagramme n° 24 montre un exemple d'une combinaison *systématique*.

En raison de leur pion en e4, les Noirs possèdent un avantage d'espace sur l'aile roi. Grâce à celui-là, quatre pièces noires : la Dame en h4, la Tour en g6, le Fou en

---

[27] La fin de la partie fut : 58...♔xc7 59.f8♕ f3 60.♕xb4 ♖d6 61.♗d3 1-0 (note de l'éditeur francophone).

4. Tactique : la combinaison en général

f5 et le Cavalier en f6 sont prêts à réaliser la combinaison gagnante.

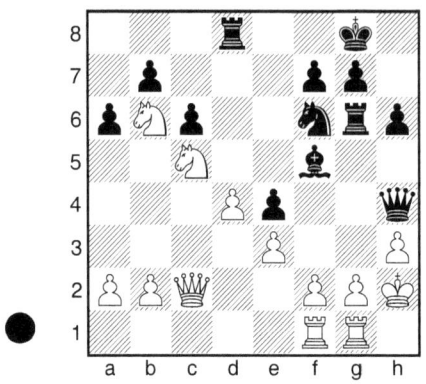

DIAG. N° 24
Partie par correspondance : Klaussen – Club d'échecs de Loebschütz, 1934

Cela n'étonnera personne que cette position recèle une combinaison. Il n'est pas nécessaire de préciser qu'il s'agit d'un cas où une combinaison doit être recherchée. Nous avons à trouver ici une combinaison *systématique* qui constitue le couronnement du plan stratégique. Cependant, ce n'est pas du tout facile à réaliser. Il est possible d'envisager toutes sortes de variantes, presque tous les sacrifices directs échoueront, sauf le beau coup **1...♖g3!!**

2.fxg3

Après d'autres coups, le sacrifice de la Tour noire en g3 est décisif. Par exemple : 2.♔h1 ♖xh3+ 3.gxh3 ♕xh3+ 4.♔g1 ♕g4+ 5.♔h2 ♕h5+ 6.♔g2 ♕g5+ 7.♔h2 ♘g4+ 8.♔g3 ♘xe3+ 9.♔h2 ♕g2 mat.

2...♘g4+! 3.♔h1 ♕xg3! et le mat suit.

4. Tactique : la combinaison en général

Quelle est à présent notre tâche la plus importante dans l'examen des combinaisons et la formulation d'une théorie du jeu combinatoire ?

Si nous revenons aux moments susmentionnés d'une combinaison : *conception*, *calcul* et *évaluation*, nous constaterons, après un peu de réflexion, que seul le premier peut nous servir de point de départ.[28] Les calculs respectifs ne présenteront des ressemblances que dans la mesure où ils sont fondés sur des conceptions analogues. Ce n'est que de cette façon qu'ils peuvent être examinés d'un même point de vue. L'évaluation qui suit le calcul ne peut bien sûr pas être effectuée indépendamment des autres aspects. Ainsi, nous allons nous efforcer de classifier les combinaisons en fonction de leur *idée*. Ce que nous entendons précisément par cela deviendra bientôt évident.

Comme une combinaison est fondée sur la violence et la force, un objet contre lequel cette force est dirigée doit être présent. Il faudrait commencer de telle sorte que chaque coup exerce, ou devrait exercer, une pression spécifique sur l'adversaire, puis, en fonction du déroulement de la combinaison, cette pression doit pouvoir augmenter rapidement et être en capacité de prendre des tournures violentes.

Il en résulte nettement que la combinaison ne doit pas être dirigée contre un objet pris au hasard, mais seulement contre un objet qui n'est à l'instant donné pas en mesure de résister à une attaque soudaine. Cela signifie en langage échiquéen qu'une combinaison ne peut se produire qu'en raison d'une faiblesse dans la position de l'adversaire.

Si nous décelons une telle faiblesse quelque part dans la position de l'adversaire, nous devons essayer de l'exploiter. Nous pouvons essayer d'obtenir un avantage en termes de position ou de matériel, ou dans des cas particuliers de faire une attaque de mat. Un avan-

---

[28] La classification en combinaisons accidentelles et systématiques n'est pas très appropriée pour une catégorisation ultérieure.

tage positionnel, par exemple, peut être obtenu en forçant l'adversaire à adopter des mesures défensives qui lui font perdre du temps. De cette façon, on parvient parfois à augmenter l'attaque d'une manière très importante.

Supposons, par exemple, une Dame blanche en a3, un pion blanc passé en c6 et un Cavalier noir en e6. Les Noirs ont fait le petit roque, mais leur position est affaiblie à la suite du coup ...g7-g6 (diagramme n° 25). Supposons de plus que les Blancs pourraient effectuer une attaque puissante s'ils réussissaient à placer leur Dame en h6 en *un seul coup*.

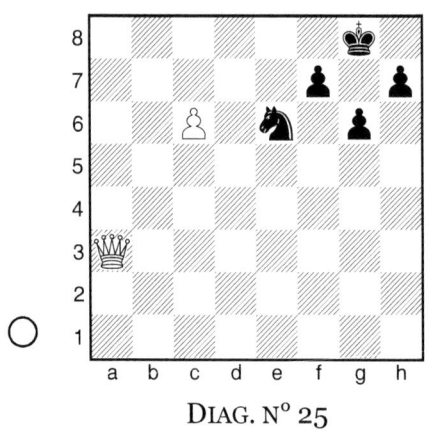

DIAG. N° 25

Une petite combinaison rend l'impossible possible : les Blancs commencent avec **1.c6-c7**, sacrifiant leur pion passé que les Noirs, nous l'imaginons, doivent prendre par **1...♘e6xc7**. Il suit à présent **2.♕a3-c1**, attaquant le Cavalier noir, qui doit se retirer ou être défendu, permettant ainsi aux Blancs de poursuivre par **3.♕c1-h6**, et la Dame blanche a, dans les faits, bel et bien été transférée en un seul coup de la case a3 à la case h6.

De plus, si les Noirs avaient eu un second Cavalier en h6 qui soit sans protection après ...g7-g6, alors la

4. Tactique : la combinaison en général

combinaison des Blancs aurait conduit au gain d'une pièce.

Ainsi, nous voyons ici les deux possibilités réunies dans un seul exemple : l'avantage positionnel et l'avantage matériel.

Enfin, il serait de plus possible pour la Dame d'atteindre h6 et de menacer mat, de cette manière nous aurions aussi le troisième objectif : le mat.

L'exemple peut être encore simplifié si nous imaginons qu'il n'y a pas de pions blancs et si nous plaçons immédiatement le Cavalier noir en c7. Cette dernière combinaison est alors rendue possible à cause des deux faiblesses simultanées dans la position noire : un Cavalier non protégé en c7 et une case faible en h6.

Ces *faiblesses* sont de la plus grande importance pour notre classification. Elles attirent notre attention sur la possibilité d'une combinaison. Les faiblesses sont les *points de départ* pour nos combinaisons. Elles donnent le signal pour la combinaison et déterminent de plus – dans une certaine mesure – son cours.

Une classification des combinaisons doit par conséquent se fonder à partir des différentes sortes de faiblesses. En les étudiant une par une, nous apprenons à connaître leurs particularités et cela améliore notre connaissance des possibilités de combinaisons ainsi que, d'une manière générale, notre compétence à combiner.

Avant de préciser les différentes sortes de faiblesses, il est toutefois nécessaire de commencer par les scinder en deux groupes. Le Roi occupe une place spéciale parmi les pièces, étant donné qu'il ne peut jamais être capturé : le but final de la partie d'échecs consiste à mettre le Roi échec et mat. Il convient en conséquence de faire une différence entre les faiblesses qui conduisent à des combinaisons d'attaque directes contre le Roi, et celles qui ont lieu à un autre endroit de l'échiquier et qui visent d'autres fins.

C'est pourquoi nous distinguons entre

4. Tactique : la combinaison en général

1) Combinaisons de mat.
2) Combinaisons ouvertes.

Le second groupe inclut toutes les combinaisons qui sont réalisées quelque part sur l'échiquier et qui ne visent pas le Roi en premier lieu. Il est possible que le Roi puisse y jouer un rôle, mais ce sera uniquement à titre accessoire. Par exemple, nous attaquons une pièce mal placée, le Roi adverse lui vient en aide et ainsi notre attaque vise à présent le Roi. La faiblesse de la pièce était l'élément principal. C'est pourquoi nous l'appelons *une combinaison ouverte*.

1. Combinaisons de mat

Indiscutablement, le groupe des combinaisons de mat est le plus important des deux, car ces combinaisons conduisent souvent à une décision immédiate. Par conséquent, une attention totale doit être accordée à toutes les faiblesses, à tous les points de contact situés dans la sphère du Roi. En utilisant une terminologie propre au bridge, nous pouvons dire qu'ils se trouvent dans la zone « vulnérable ».

Une subdivision plus fine des combinaisons de mat est fondée sur la nature des points de contact.

Le but premier de toute combinaison de ce type consiste toujours à exposer le Roi adverse, c'est-à-dire à priver le Roi de sa protection directe. Ce but ne peut être atteint qu'en possédant *une supériorité considérable du matériel d'attaque disponible*. Par conséquent, si le Roi n'est pas exposé au début de la combinaison, alors une supériorité locale de pièces est une condition nécessaire pour une combinaison réussie.

L'importance de cette supériorité dépend de l'état de l'aile roi adverse. Si elle a été affaiblie par *l'avance* de pions, cela signifie que les chances d'une attaque-surprise sont considérablement augmentées. Un cas comparable survient lorsque l'aile roi est affaiblie par

4. Tactique : la combinaison en général

des pions doublés ou par des pions manquants, mais dans la majorité des cas le Roi est déjà exposé de sorte que le but premier est déjà atteint.

Outre la protection *verticale*, la protection *horizontale* est aussi importante. Il est tout à fait possible que la formation de l'aile roi semble parfaite et qu'un nombre suffisant de défenseurs soit disponible, et que pourtant une faiblesse de la *septième* ou de la *huitième* rangée puisse offrir à l'adversaire un point de départ (ou les prémisses nécessaires) pour la combinaison gagnante.

Les considérations susmentionnées conduisent à la classification suivante des combinaisons de mat.

A) Combinaisons de mat directes.

Prémisses : le Roi adverse est exposé. Il n'est pas protégé par une série de pions alignés (cela peut également se produire dans l'ouverture si un joueur est en retard de développement) et les pièces dans le voisinage ne fournissent aucune sorte de protection à la place de ces derniers.

B) Combinaisons de démolition.

Prémisses : grande supériorité de pièces, éventuellement combinée avec une formation des pions de l'aire roi adverse affaiblie.

La combinaison détruit (en règle générale par un ou deux sacrifices) la formation de pions protecteurs et expose le Roi à une attaque directe.

C) Combinaisons de pénétration.

Les mêmes prémisses qu'en B), mais à un degré moindre.

La combinaison provoque l'affaiblissement (par des manœuvres ou des sacrifices) de la formation des pions

4. Tactique : la combinaison en général

protecteurs, avec de nouveau pour résultat que le Roi se retrouve dans une position exposée.

L'exemple de la page 78 illustre une combinaison de pénétration.

D) *Combinaisons latérales (ou combinaisons sur la dernière rangée).*

Prémisses : faiblesse sur la septième ou la huitième rangée.

La combinaison contre le Roi est effectuée depuis le côté. Il s'agit ici d'esquiver le pouvoir défensif des pions protecteurs par un mouvement de contournement.

Le diagramme n° 26 contient un exemple d'une combinaison de démolition.

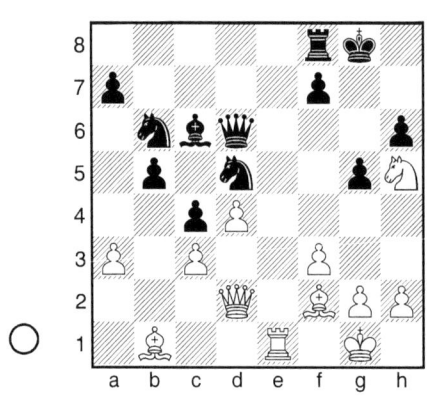

DIAG. N° 26
Partie Euwe – Kan, Léningrad 1934

L'aile roi noire est sérieusement affaiblie et de nombreuses pièces blanches sont prêtes pour une attaque. Une combinaison est imminente. Il est évident d'essayer **24.♖e5**. Le sacrifice ♖xg5+ menace de gagner immédiatement.

Examinons différentes répliques noires.

4. Tactique : la combinaison en général

A) 24...f6 25.♕c2 et les Noirs doivent donner un pion par ...f5.
B) 24...♔h8 25.♗g3 (après 25.♕c2 pourrait suivre 25...♕g6) 25...♕xa3 26.♖xg5, etc.
C) 24...♘e7 25.♖xg5+ hxg5 26.♕xg5+ ♘g6 27.♕h6, etc.
D) 24...♖e8 25.♖xg5+ hxg5 26.♕xg5+ ♔f8 27.♕g7+ ♔e7 28.♗h4+ ♔d7 29.♗f5+ ♔c7 (29...♖e6 30.♕xf7+, etc.) 30.♗g3, etc.

La partie, après **24.♖e5**, a continué de la manière suivante.

24...f5 25.♗xf5 ♕xa3 26.♗e1

Défend le pion c3 et protège la première rangée afin que les Noirs ne puissent pas mener une contre-attaque. À présent, 27.♗e6+ menace, suivi de ♖xg5.

26...♘f6

La seule façon de parer le sacrifice.

27.♗e6+ ♔h8 28.♘xf6

28.♖xg5 hxg5 29.♕xg5 aurait échoué à cause de 29...♕e7.[29]

28...♖xf6 29.d5, et les Blancs gagnèrent facilement.[30][31]

Une explication plus détaillée des différentes sortes de combinaisons de mat suivra au chapitre cinq.

---

[29] En fait, le sacrifice aurait fonctionné : 30.♕h6+ ♘h7 31.♗h4 ♕b7 32.♗g3, etc. (note de l'éditeur francophone).

[30] Il convient de noter que la combinaison de démolition n'est apparue que comme une menace (♖xg5+), mais n'a pas été réellement réalisée dans la partie.

[31] La fin de la partie fut : 29...♗d7 30.h4 ♕d6 31.♕d4 ♖f4 32.♕e3 ♗xe6 33.dxe6 ♖f8 34.e7 ♖e8 35.♖e6 1-0 (note de l'éditeur francophone).

4. Tactique : la combinaison en général

2. Combinaisons ouvertes

Nous venons d'affirmer que les combinaisons de mat exercent une plus grande influence sur le déroulement d'une partie que les combinaisons ouvertes, néanmoins cette seconde catégorie n'est pas sans importance. Au contraire, les combinaisons ouvertes sont en général bien dissimulées et peuvent facilement être oubliées. Ainsi, elles sont un nouveau sujet à l'attention du lecteur. Elles offrent davantage de chances de prendre un avantage sur l'adversaire et, à cet égard, elles sont plus significatives que les combinaisons de mat plus ou moins courantes.

La classification des combinaisons ouvertes est fondée sur les différentes sortes de faiblesses des pièces. Nous pouvons distinguer les types suivants.

A) Combinaisons pour gagner du matériel.

Ce sont de combinaisons fondées sur les faiblesses des forces adverses dues au fait que certaines pièces sont isolées des autres, non protégées ou insuffisamment protégées, ou exposées d'une quelconque autre manière.

B) Combinaisons avec point focal.

Elles se produisent lorsque la position relative des pièces adverses (qui, prises isolément, sont bien placées) offre des possibilités pour des attaques doubles ou pour des menaces simultanées. La case à partir de laquelle la menace double est possible est appelée *le point focal*[32].

---

[32] On pourrait aussi parler de *case critique* (note de l'éditeur francophone).

4. Tactique : la combinaison en général

C) *Combinaisons avec clouage.*

Elles sont fondées sur le clouage d'une pièce adverse.

D) *Combinaisons avec découverte.*

Elles peuvent être effectuées lorsque les pièces adverses sont menacées indirectement (par exemple dans le cas d'un échec à la découverte). Si l'attaque d'une pièce adverse est interrompue par une autre pièce, nous appelons dans cette situation la pièce indirectement attaquée de la sorte *une pièce masquée*. Une attaque double peut facilement suivre d'un tel masquage.

E) *Combinaisons avec surcharge.*

Nous appelons *pièce surchargée* une pièce qui est forcée (peut-être seulement temporairement) d'effectuer plus d'une tâche importante en même temps.

F) *Combinaisons avec obstruction.*

Nous parlons d'obstruction quand une pièce se met en travers de la route d'une autre, de sorte que cette dernière ne peut pas remplir correctement sa fonction ordinaire. Si ces obstructions sont nombreuses dans une position (c'est-à-dire s'il y a une accumulation inutile de pièces), la possibilité d'une combinaison est très élevée.

G) *Combinaisons desperado.*

Un desperado est une pièce qui est vouée à être perdue, mais qui, avant d'être prise, peut encore être utilisée pour porter atteinte à l'adversaire d'une manière ou d'une autre.

4. Tactique : la combinaison en général

H) Combinaisons cumulatives.

Elles sont fondées sur toutes sortes de possibilités et obligent l'adversaire à effectuer certains coups. Cet avantage culmine parfois dans une combinaison.

Dans le chapitre six, nous examinerons de plus près la signification des différents points de départ. Pour commencer, voici l'extrait d'une partie qui illustre très bien certaines des faiblesses mentionnées ci-dessus.

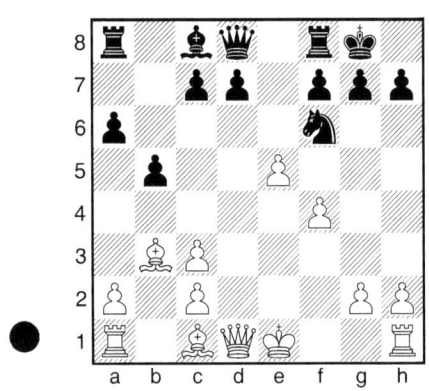

DIAG. N° 27
Partie Alekhine – Réti, Vienne 1922

Le Cavalier noir en f6 est attaqué, mais au lieu de la retraite évidente – apparemment forcée – 12...♘e8, il suivit

12...c5

Profitant ainsi de la mobilité limitée du Fou en b3 (*combinaison pour gagner du matériel*) et en même du fait que les Blancs n'ont pas encore roqué.

13.♗a3

Clouant le pion noir c5 (position défavorable de ce pion en c5 par rapport à la Tour noire en f8) et

4. Tactique : la combinaison en général

l'attaquant. Après 13.exf6, il pourrait suivre 13...♖e8+ 14.♔f2 c4, après quoi les Noirs perdraient un ou deux pions, mais auraient en compensation une attaque très forte contre le Roi.

13...♕a5

Attaque du Fou blanc en a3 non protégé et protège indirectement du pion c5 (à cause de ...♕a5xc3+).

14.0-0 !

Le début d'une combinaison profonde qui est basée sur
1. la position exposée de la Tour noire en a8 ;
2. le fait qu'après un éventuel e5xf6, la position du Roi noir est considérablement affaiblie.

14...♕xa3 15.exf6 c4

Les Noirs semblent gagner une pièce.

16.♕d5 !

Menaçant simultanément deux points faibles dans la position adverse : la Tour noire en a8 et l'aile roi noire avec ♕d5-g5, suivi d'un mat en deux coups ou du gain de la Dame (*combinaison avec point focal*). On peut aussi voir les choses sous cet angle : en menaçant la Tour noire en a8, les Blancs gagnent un tempo, de sorte que la Dame va de d1 à g5 en un seul coup. Il semble que les Noirs sont perdus.

16...♕a5 !

Pare les deux menaces en même temps, car 17.♕g5 échoue à cause de 17...♕b6+ suivi de ...♕xf6. Et si 17.♕xa8, alors 17...♕b6+ 18.♔h1 ♗b7, et la Dame est enfermée (*combinaison pour gagner du matériel*). Les

4. Tactique : la combinaison en général

rôles paraissent à nouveau inversés : il semble que les Blancs doivent perdre.

17.fxg7

L'importance de cet échange se révélera dans trois coups.

17...♕b6+ 18.♔h1 ♔xg7

Les Noirs doivent prendre le pion, car après 18...♖e8 19.♕xa8, le coup noir 19...♗b7 est impossible étant donné que la Tour noire e8 n'est pas protégée.

19.♗xc4

Le point culminant de la combinaison blanche. Après 19...bxc4, il suivrait 20.♕xa8! ♗b7 21.♖ab1, et les Blancs, quoi qu'il arrive, demeurent avec l'avantage de la qualité (21...♕xb1 22.♕xf8+) : Une *combinaison desperado*, voir page 87.

19...♗b7 20.♕e5+

Sans le coup 17.fxg7, les Blancs n'auraient pas pu donner cet échec salvateur.

20...♕f6 21.♗d3

Les complications sont terminées. Les Blancs ont gagné un pion, qui s'est toutefois révélé insuffisant pour conduire à une victoire dans la finale qui a suivi, de sorte que la partie s'est conclue par un match nul[33]. Un enchaînement de combinaisons intéressant !

---

[33] La fin de la partie fut : 21...♖fe8 22.♕h5 h6 23.♕g4+ ♔h8 24.♕xd7 ♖e7 25.♕d4 ♕xd4 26.cxd4 ♖d8 27.f5 f6 28.♖ae1 ♖g7 29.♗e4 ♖xd4 30.♗xb7 ♖xb7 31.♖e6 ♔g7 32.♖xa6 ♖c4 33.♖f3 ♖xc2 34.h3 ♔f7 35.♖g3 ♖f2 36.♖g6 ♖xf5 37.♖xh6 ♔g7 38.♖h4 b4 39.♖g4+ ♔f7 40.♖g3 ♖fb5 41.♖b3 ♔g6 42.♔h2 ♖c5 43.♖a4 ♖cb5 44.h4 ♖5b6 45.♔h3 ♖b8 46.g3 f5 47.♖a5 ♖c8 48.♖f3 ♖f6 49.♔g2

4. Tactique : la combinaison en général

Finalement, il nous faut faire une remarque sur la relation entre les combinaisons et les phases de la partie.

Les combinaisons les plus nombreuses se produisent de loin en milieu de partie. Le milieu de partie est, pour ainsi dire, la terre natale des combinaisons. Le développement est pratiquement achevé des deux côtés (contrairement à l'ouverture), tandis que d'autre part un grand nombre de pièces sont encore sur l'échiquier (contrairement à la finale). Le mot « combinaison » nous indique que nous avons à gérer la collaboration de plusieurs pièces. Toutefois, il n'arrivera que dans des cas exceptionnels que *toutes* les pièces de l'assaillant participeront à une telle entreprise. L'une ou l'autre pièce se trouve en général en dehors du champ de bataille et ne sert qu'à des fins de protection.

Il faut garder à l'esprit que la faisabilité d'une combinaison du côté de l'assaillant nécessite en règle générale un bon développement et une formation saine, de sorte que ses forces soient réparties plus ou moins uniformément sur l'ensemble de l'échiquier. La soudaineté d'une combinaison implique qu'au moment critique seule une certaine partie des forces combattantes puisse participer activement à sa réalisation, car il n'y a en général pas le temps pour amener au combat des forces de réserve.

La conséquence de tout cela est que les combinaisons se produisent seulement rarement dans l'ouverture ou en fin de partie, car dans le premier cas, il y a encore trop peu de pièces disponibles, et dans le second cas, il en reste trop peu.

Le sacrifice d'une unité peut, par exemple, réussir s'il augmente considérablement l'activité d'autres pièces importantes. En revanche, il échouera proba-

---

♖c3 50.♖a8 ♖xf3 51.♔xf3 ♖c6 52.♖g8+ ♔f6 53.♖f8+ ♔g6 54.♖b8 ♖c4 55.♖b6+ ♔g7 56.h5 ♖d4 57.♖c6 ♖e4 58.♖g6+ ♔f7 59.g4 ♖xg4 60.♖xg4 fxg4+ 61.♔xg4 ♔g7 ½-½ (note de l'éditeur francophone).

4. Tactique : la combinaison en général

blement si les forces sont peu nombreuses. Exprimé en chiffres, une pièce mineure représentant environ 10 % des forces combattantes lorsqu'elles sont au complet sur l'échiquier. Au fur et à mesure des échanges, sa valeur relative augmente et donc plus il y a d'échanges, plus il devient difficile de la sacrifier, car la compensation en échange doit être de plus en plus élevée. Cela réduit les probabilités qu'une combinaison ait lieu en finale. Si nous considérons en outre qu'en ce qui concerne la combinaison, seule la valeur momentanée des pièces engagées dans le combat est importante, alors il va sans dire que la valeur en pourcentage des pièces développées est plus élevée durant la phase d'ouverture, et qu'en conséquence, durant cette phase de la partie aussi, le sacrifice d'une pièce doit être considéré d'une manière prudente.

Il est vrai que ces dernières considérations ne concernent qu'un certain type de combinaison, à savoir les combinaisons à sacrifice, mais ce sont justement celles qui se produisent le plus fréquemment.

Les combinaisons durant l'ouverture ou en finale impliquent généralement moins de sacrifices et, d'ordinaire, visent des objectifs moindres.

Lors de l'ouverture, l'objectif principal est la formation d'un centre, comme par exemple avec le sacrifice temporaire suivant qu'on rencontre fréquemment.

1.e4 e5 2.♘f3 ♘c6 3.♘c3 ♘f6 4.♗c4

4. Tactique : la combinaison en général

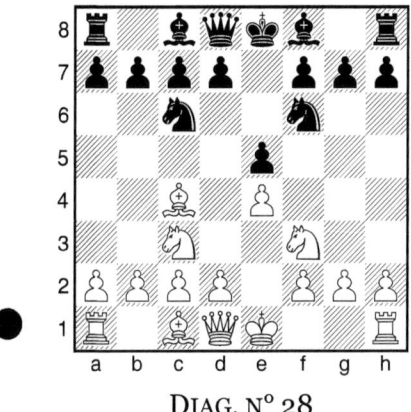

Diag. N° 28

4...♘xe4 5.♘xe4 d5

Cette combinaison a pour seul but d'augmenter la pression sur le centre.

En finale, le but principal est généralement la création et l'avance d'un pion passé. Toutefois, le fait que la valeur d'un pion passé augmente au fur et à mesure qu'il approche de la promotion est la raison pour laquelle les combinaisons à sacrifice se produisent plus fréquemment dans le cas d'un pion passé déjà bien avancé. C'est pour cette raison que nous consacrerons un chapitre spécifique aux combinaisons en fin de partie. Pour l'instant, cependant, nous ne discuterons que des combinaisons qui se produisent durant le milieu de partie.

5. COMBINAISONS DE MAT

Dans ce chapitre et les suivants, notre but est de préciser les combinaisons de mat et les combinaisons ouvertes en donnant un exemple aussi simple que possible pour chaque sorte, et dans lequel la spécificité de la combinaison est la mieux exprimée. Dans le chapitre sept, des exemples plus difficiles seront examinés, dans lesquels différents aspects interviendront en même temps.

Redisons tout d'abord la classification de la page 83.

Les combinaisons de mat.

1) Combinaisons de mat directes.
2) Combinaisons de démolition.
3) Combinaisons de pénétration.
4) Combinaisons latérales (ou combinaisons sur la dernière rangée).

1. Combinaisons de mat directes

Au début de ces combinaisons, le Roi se trouve déjà dans une position dangereuse, et nous devons trouver une combinaison qui force l'attaque et, par conséquent, qui exploite de manière décisive la position défavorable du Roi.

À cette fin, examinons d'abord ce que l'on entend par « position dangereuse » du Roi, car ce concept n'est pas clairement défini et comporte de nombreuses nuances. La position du Roi se trouvant au milieu des pièces adverses sans aucune aide de ses propres pièces ou sans protection de ses propres pions est beaucoup plus grave que la position d'un Roi qui, dans une formation par ailleurs normale, n'a pas le soutien d'un de ses pions.

5. Combinaisons de mat

Par conséquent, nous devons faire une distinction entre une *position exposée* et une *position non exposée* du Roi.

Cette distinction s'établit en premier lieu en considérant les pions qui entourent le Roi. S'il manque un ou deux pions sur l'aile roi, ou s'ils ont tellement avancé qu'ils n'assurent plus vraiment la défense du Roi, ou si la position est telle qu'elle permet à des pièces adverses de l'envahir (si elles ne l'ont pas déjà fait), de sorte que les pions, qui n'offrent aucune protection latérale, ne sont plus utiles pour la défense, dans tous ces cas nous considérons la position du Roi comme étant *exposée*. Cependant, il convient d'émettre une réserve lorsque des pièces postées en défense ont remplacé les pions manquants. Il est bien possible qu'un Roi noir avec un Fou devant lui en g7 à la place d'un pion ne soit pas du tout exposé, mais il n'est pas question pour nous d'examiner tous ces cas. Il est impossible de tracer une ligne de démarcation précise, car trop de choses dépendent de la disposition de nos pièces et de celle de l'adversaire.

Un cas particulier de position « exposée » du Roi se présente lorsque le roque n'a pas encore été joué, ou s'il ne peut plus du tout être joué, alors que l'adversaire contrôle une colonne ouverte au centre.

Si nous constatons que le Roi adverse se trouve dans une position exposée, alors la question est de se demander comment tirer profit de cela.

Un principe général est qu'il est de la plus haute importance d'avoir un grand nombre de pièces sur lesquelles on peut compter. Simultanément, nous devons avoir comme but de contraindre le Roi à s'exposer en terrain découvert autant que faire se peut, ce qui, en règle générale, ne peut être atteint que par des sacrifices. Si le Roi est totalement extirpé de son abri, alors une Dame et une Tour, ou une Dame et un Fou seront d'ordinaire suffisants pour forcer le mat. Mais dans de nombreux cas, il ne sera pas possible d'extraire le Roi

5. Combinaisons de mat

adverse de son refuge et il faudra alors aller le chercher sur son propre terrain.

Dans tous les cas, agir rapidement est primordial. De longues préparations ne conduiront que très rarement au résultat escompté, car le défenseur peut utiliser le temps ainsi gagné pour sécuriser son Roi exposé et, pour le dire de manière concise, pour colmater ses faiblesses.

Chaque coup doit être joué, dans la mesure du possible, avec un gain d'un tempo et doit être combiné à des menaces, comme le montre très clairement l'exemple qui suit.

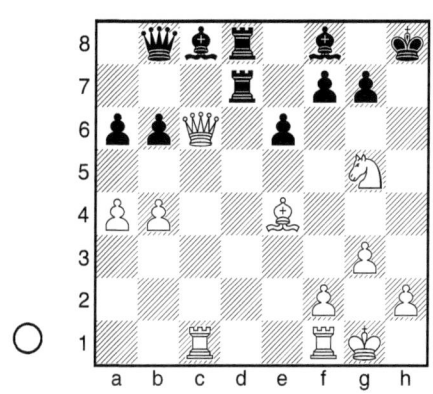

DIAG. N° 29
Partie Alekhine – Rubinstein, Carlsbad 1923

Le Roi noir se trouve dans une position exposée, le pion h7 manque. Si les Blancs réussissent dans cette position à amener rapidement leur Dame sur la colonne h, une manœuvre décisive sera peut-être possible. Vite ! vite ! la rapidité est l'une des exigences principales, car après des coups comme 25.♗b1 (menaçant 26.♕e4 et 27.♕h4+), les Noirs auraient le temps de se défendre par ...♕e5.

La combinaison gagnante est la suivante.

25.♗g6

5. Combinaisons de mat

L'idée est à l'évidence le gain d'un tempo pour la Dame blanche. ♘xf7+ menace.

25...fxg6

Dans la partie fut joué 25...♕e5 à la suite de quoi les Blancs, après 26.♘xf7+ ♖xf7 27.♗xf7 ♕f5 28.♖fd1!, restèrent avec une qualité et un pion de plus[34].

26.♕g2!

Menaçant ainsi ♕h3+ et mat. Les Noirs, par conséquent, doivent bouger leur Fou afin de faire de la place pour leur Roi.

26...♗xb4 27.♕h3+ ♔g8 28.♕h7+ ♔f8 29.♕h8+ ♔e7

Tous les coups noirs sont forcés.

30.♕xg7+ ♔e8

Ou 30...♔d6 31.♖fd1+, etc.

31.♕g8+ ♗f8

Ou 31...♔e7 32.♕f7+ ♔d6 33.♕xe6 mat

32.♕xg6+, et mat au prochain coup.

À remarquer au passage que c'est un bel exemple d'une combinaison *forcée*. Elle ne comporte que peu de ramifications et cela nous permet de les calculer entièrement. Dans la plupart des combinaisons, le calcul exact est moins facile, mais en fait il n'est pas nécessaire. De nombreux maîtres d'échecs combinent par « intuition ».

---

[34] La fin de la partie fut : 28...♖xd1+ 29.♖xd1 ♕xf7 30.♕xc8 ♔h7 31.♕xa6 ♕f3 32.♕d3+ 1-0 (note de l'éditeur francophone).

5. Combinaisons de mat

Dans le cas présent, on peut estimer la justesse de la combinaison à partir de la grande activité de Cavalier blanc en g5, de la prise du pion noir en g7 par la Dame, de l'intervention immédiate des deux Tours, et de l'éloignement des pièces noires.

Il va sans dire qu'il n'est pas possible d'établir une échelle permettant de mesurer avec précision l'exactitude ou l'absence d'erreur ; mais en observant ces facteurs et d'autres similaires favorables ou défavorables, il est possible de développer un bon jugement combinatoire. L'art de combiner avec précision se développe de la meilleure des manières en jouant soigneusement plusieurs fois les parties et en examinant ses propres combinaisons et celles des autres. Il est particulièrement utile pour le développement de l'habileté combinatoire de jouer une combinaison précise plusieurs fois en pensée, sans déplacer les pièces.

Voici un second exemple de combinaison issue de la pratique dans lequel la position défavorable du Roi, due à un roque qui n'a pas encore été joué, conduit à une démolition.

Dans la position du diagramme n° 30, les Noirs n'ont pas encore roqué et la Tour blanche se trouve déjà sur la colonne e ouverte, où elle constitue un grand danger pour le Roi noir. Pourtant, il semblerait que les Noirs ont encore le temps de sauver leur Roi : la Dame blanche en c3 est attaquée et si les Blancs, par exemple, jouent 1.♕xd3, alors les Noirs pourront roquer. Prendre le pion noir en f6 coûterait une pièce, par exemple : 1.♘xf6+ ♔d8! (la Dame blanche et le Cavalier blanc en f6 sont menacés simultanément).

Cependant, les Blancs ont une combinaison gagnante résultant de la collaboration *immédiate* de quatre pièces : la Dame, la Tour e1, le Cavalier e4 et le pion d5.

Cette combinaison est la suivante.

5. Combinaisons de mat

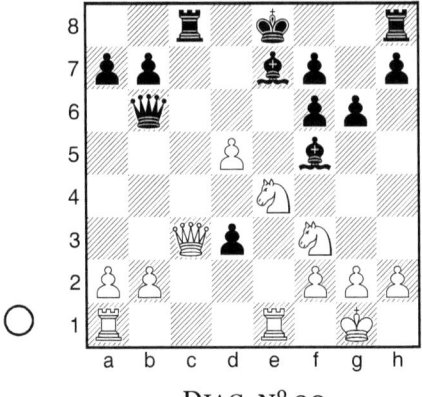

DIAG. N° 30
D'après une partie Botvinnik – Flohr[35], Léningrad 1933

1.d6!! ♖xc3

Les Noirs ne peuvent pas reculer, étant donné que ♘xf6+ était désormais une menace très forte. Ils n'ont pas le temps de mettre leur Roi en sécurité : 1...0-0 2.dxe7 ♖xc3 3.exf8♕+ ♔xf8 4.bxc3, avec un avantage matériel pour les Blancs. La même chose résulterait de 1...♗e6 2.♕xc8+ ♗xc8 3.♘xf6+, etc.

2.♘xf6+ ♔f8

2...♔d8 serait plus simple : 3.dxe7+ et le Roi noir doit aller en c7, soit immédiatement soit plus tard 3...♔c8 4.e8♕+ ♖xe8 5.♖xe8+. Dans les deux cas ♘d5+ est décisif avec un échec double (fourchette) sur le Roi et la Dame.

3.dxe7+ ♔g7

---

[35] Cette position ne s'est pas réellement produite dans la partie, mais n'est que la conséquence de l'analyse d'un autre coup que Flohr aurait pu jouer.

5. Combinaisons de mat

Il est à noter que maintenant 4.e8♕ n'aboutirait à rien : 4...♖c2! (menaçant ...♕xf2 et mat au prochain coup, tandis que la Dame nouvellement créée demeure toujours en prise) 5.♕e3 ♕xe3 6.♖xe3 ♔xf6, et les Noirs, avec un pion de plus, gagneraient facilement la finale. Cependant, la combinaison a continué avec

4.e8♘+!

Promouvoir en Cavalier plutôt qu'en Dame est beaucoup plus judicieux dans cette position, car la promotion se réalise avec un échec.

4...♔f8

Le meilleur coup. Après 4...♖xe8 5.♘xe8+ ♔f8 6.bxc3, les Blancs auraient un avantage matériel décisif (deux Tours et un Cavalier contre une Dame et un pion), tandis que 4...♔h6 5.g4! menace différents mats. Il y a la menace 5.g5 mat, et après 5...♝xg4 6.♘xg4+ ♔h5 7.♘ef6+, les Noirs doivent rendre la Dame.

5.bxc3

La combinaison est terminée. Le résultat est que les Blancs ont obtenu un avantage matériel et positionnel. Un avantage matériel parce qu'ils possèdent deux Cavaliers et une Tour contre une Dame et un pion, et un avantage positionnel parce que la Tour noir en h8 est enfermée et que le Roi noir en f8 n'est pas en sécurité, tandis que le pion noir avancé en d3 ne peut produire aucune menace.

Examinons la fin simple suivante d'une partie entre Spielmann et N. N.

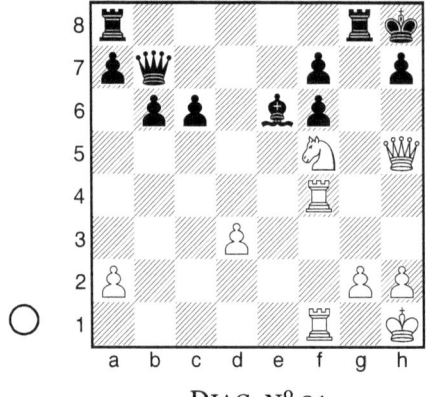

DIAG. N° 31
Partie Spielmann – N. N.

Les Blancs forcent le mat en six coups.

1.♕xh7+ ♚xh7 2.♖h4+ ♚g6 3.♖h6+ ♚g5 4.h4+ ♚g4 5.♘e3+ ♚g3 6.♖f3 mat.

Cette combinaison peut être perçue comme une transition entre la combinaison de mat directe et le type de combinaison qui suit. Le Roi noir est exposé (le pion g7 manque) et *l'exécution* est réalisée au moyen de *la destruction* du pion noir h7, le vestige des pions protecteurs.

Passons à présent au type de combinaisons suivant.

2. Combinaisons de démolition

Dans le dernier exemple, nous avons déjà vu l'idée de la combinaison de démolition : le Roi est privé de sa protection de pions au moyen d'un ou de plusieurs sacrifices. Nous n'avons guère besoin de mentionner que ces combinaisons ne réussissent que si le nombre des forces attaquantes dépasse largement celui des forces en défense. Car après le sacrifice des troupes d'assaut, il doit encore rester suffisamment de pièces afin que la

5. Combinaisons de mat

combinaison puisse être couronnée par un mat ou par un autre résultat décisif.

Il est particulièrement important pour *le joueur qui attaque d'avoir une Tour postée sur une colonne ouverte*, laquelle peut, en un minimum de coups, rejoindre le champ de bataille. Cela sera clairement montré par des exemples illustratifs.

A) *Sacrifice du Fou blanc sur le pion h7*

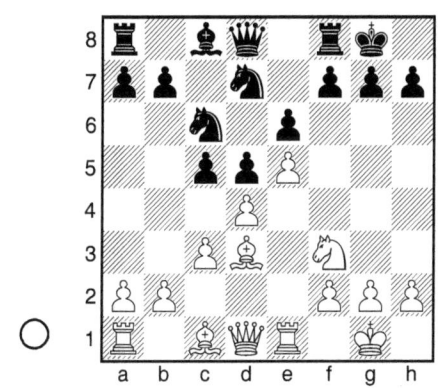

DIAG. N° 32
Sacrifice du Fou blanc sur le pion h7.

1.♗xh7+ ♔xh7 2.♘g5+ ♔g8

2...♔g6 3.♕d3+ f5 (ou 3...♔h5 4.♕h7+ ♔g4 5.♕h3 mat) 4.exf6+ ♔xf6 5.♖xe6 mat.

3.♕h5 ♖e8

Le seul moyen de retarder le mat.

4.♕xf7+ ♔h8 5.♕h5+ ♔g8 6.♕h7+ ♔f8 7.♕h8+ ♔e7 8.♕xg7 mat.

5. Combinaisons de mat

B) Sacrifice du Cavalier blanc sur le pion g7

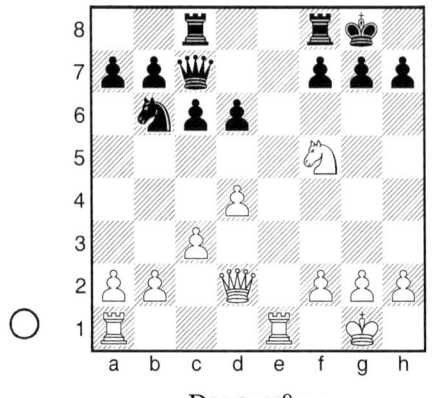

DIAG. N° 33
Sacrifice du Cavalier blanc sur le pion g7.

1.♘xg7! ♔xg7 2.♕g5+ ♔h8 3.♕f6+ ♔g8 4.♖e3!

La Tour doit pouvoir participer immédiatement ! Et les Noirs ne peuvent empêcher la menace de mat blanche par ♖g3+ qu'en sacrifiant leur Dame.

4...d5 5.♖g3+ ♕xg3

Si les Noirs avaient joué 4...♖fe8, alors il aurait suivi 5.♖g3+[36] ♔f8 6.♕g7+ ♔e7 7.♖e1+ ♔d8 8.♖xe8+ ♔xe8 9.♕g8+, suivi du mat en quelques coups[37].

Ces deux types de sacrifices se produisent très souvent dans le jeu réel, mais chaque fois sous une forme légèrement différente et avec des conséquences variables.

---

[36] Le mat est plus rapide par : 5.♕g5+ ♔h8 6.♖g3! suivi du mat en 3 coups (note de l'éditeur francophone).

[37] Le mat s'obtient par : 9...♔e7 10.♖e3+ ♔f6 11.♕xh7 ♖g8 12.♖f3+ ♔e6 13.♕f5+ ♔e7 14.♕xf7+ ♔d8 15.♕xg8+ ♔d7 16.♖f7+ ♔e6 17.♖f8+ ♔e7 18.♕f7 mat (note de l'éditeur francophone).

5. Combinaisons de mat

Les exemples ont été choisis de telle sorte que, après que le sacrifice ait été accepté, le Roi noir se retrouve maté dans la variante principale. Il est bien entendu également possible qu'un avantage matériel résulte de la combinaison. Pour les combinaisons comportant des sacrifices, il faut comparer dans tous les cas précisément la valeur relative du matériel restant avant et après la combinaison. Ces combinaisons conduisent souvent à des positions exceptionnelles (voir exemple de la page 100), et c'est pourquoi il est important de bien considérer la valeur du matériel restant. Cela peut se voir dans l'exemple plus compliqué suivant du *double sacrifice des Fous*, qui se rencontre de temps à autre.

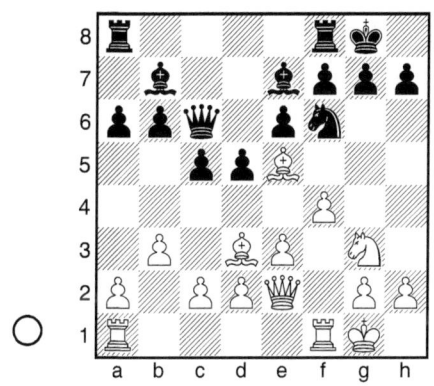

DIAG. N° 34
Partie Lasker – Bauer, Amsterdam 1889

Il suivit

14.♘h5 ♘xh5

L'échange est plus ou moins forcé, à moins que les Noirs ne soient disposés à permettre la dislocation de leur aile roi par des échanges sur f6. Après 14...♘e8? suivrait 15.♗xg7! ♘xg7 16.♕g4.

5. Combinaisons de mat

15.♗xh7+! ♔xh7 16.♕xh5+ ♔g8 17.♗xg7!

Le sacrifice du second Fou, le corollaire du premier sacrifice.

17...♔xg7

Si les Noirs n'acceptent pas le sacrifice et essaient plutôt de rendre possible la fuite de leur Roi par 17...f6 ou 17...f5, alors suivrait 18.♖f3 avec une décision rapide.

18.♕g4+ ♔h7

Si 18...♔f6?, alors aurait suivi 19.♕g5 mat.

19.♖f3

La Tour est disponible ! À présent, le Roi noir ne peut plus s'échapper. Les Noirs sont obligés de sacrifier leur Dame pour empêcher le mat.

19...e5 20.♖h3+ ♕h6 21.♖xh6+ ♔xh6 22.♕d7!, et les Blancs gagnent une pièce supplémentaire.

Sans ce dernier coup, la correction de la combinaison blanche serait douteuse : les Blancs ont commencé par sacrifier deux Fous et ont dû en plus donner la Tour pour gagner la Dame noire[38].

Il est important d'énumérer les conditions qui conduisent au succès du double sacrifice des Fous.

1) Une Tour est disponible immédiatement.

---

[38] La fin de la partie fut : 22...♗f6 23.♕xb7 ♔g7 24.♖f1 ♖ab8 25.♕d7 ♖fd8 26.♕g4+ ♔f8 27.fxe5 ♗g7 28.e6 ♖b7 29.♕g6 f6 30.♖xf6+ ♗xf6 31.♕xf6+ ♔e8 32.♕h8+ ♔e7 33.♕g7+ ♔xe6 34.♕xb7 ♖d6 35.♕xa6 d4 36.exd4 cxd4 37.h4 d3 38.♕xd3 1-0 (note de l'éditeur francophone).

5. Combinaisons de mat

2) Les forces adverses sont incapables de s'opposer en défense.

3) Le Roi ne peut pas s'échapper sur la colonne f.

4) Le refus du sacrifice du second Fou conduirait à un désavantage important.

5) La balance matérielle à la fin de la combinaison est favorable.

Voici un exemple bien connu illustrant le double sacrifice des Fous, dans lequel les conditions sont indiquées en italique dans l'analyse.

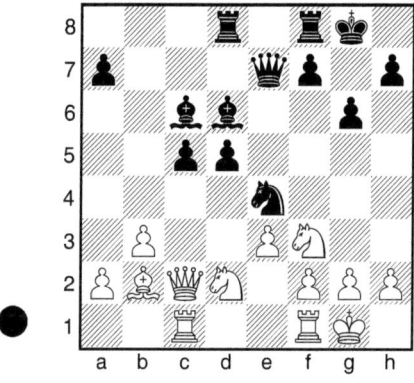

Diag. n° 35
Partie Nimzowitsch – Tarrasch, St-Pétersbourg 1914

Il suivit

17...♘xd2!

Avec l'intention d'éloigner le Cavalier blanc de f3 dans le but de réunir les conditions pour placer la combinaison.

18.♘xd2

5. Combinaisons de mat

18.♕xd2 aurait été meilleur, bien que les Noirs auraient encore eu une attaque prometteuse après 18...d4.

18...d4!

Ouvre la voie au Fou en c6 afin que la position noire soit mûre pour un double sacrifice des Fous. La menace accessoire ...dxe3 avec le gain d'un pion est la raison pour laquelle les Blancs n'ont pas de bonne défense contre la menace de sacrifice.

19.exd4?

Les Blancs ne cherchent pas à parer le sacrifice, ce qui apparaîtra plus tard comme une omission lourde de conséquences. Ils n'avaient que le choix entre 19.e4 et 19.♖fe1, avec dans les deux cas un avantage pour les Noirs, bien que pas immédiatement décisif.

19...♗xh2+! 20.♔xh2 ♕h4+ 21.♔g1 ♗xg2

Après 22.♔xg2, il suivrait 22...♕g4+ 23.♔h1 (ou 23.♔h2) 23...♖d5! (*une Tour noire est disponible immédiatement*) 24.♕xc5 (*les pièces blanches ne sont pas en mesure de s'opposer en défense*) 24...♖h5+ 25.♕xh5 ♕xh5+ 26.♔g2 ♕g5+ et ...♕xd2.

Le Roi blanc ne peut manifestement pas s'échapper sur la colonne f.

22.f3

Le refus du second sacrifice de Fou conduit aussi à des conséquences sérieuses.

22...♖fe8!

Menace ...♖e2 et mat. Nous n'avons pas besoin de préciser que 23.♔xg2 échoue à cause de 23...♖e2+.

5. Combinaisons de mat

23.♘e4 ♕h1+ 24.♔f2 ♗xf1!

Les Blancs ne peuvent pas reprendre par 25.♖xf1 à cause de 25...♕h2+, avec le gain de la Dame.

La balance matérielle est par conséquent favorable aux Noirs, et la combinaison se termine de cette manière[39].

À l'aide de ces conditions, l'évaluation comme l'exactitude de cette combinaison fréquente sont grandement simplifiées.

Une combinaison de démolition peut être réalisée plus facilement si l'aile roi est déjà affaiblie en raison de l'avance d'un des pions.

Voici un exemple caractéristique de cette sorte de combinaison : le Roi est attiré à découvert et est ensuite maté par trois sacrifices successifs.

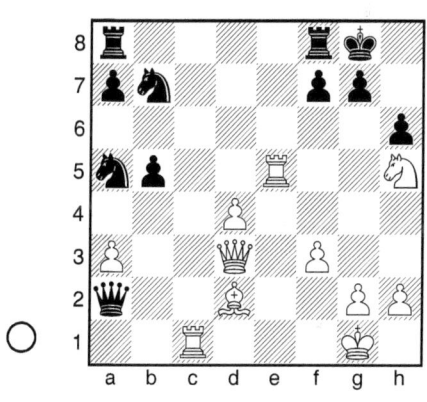

DIAG. N° 36
Partie Euwe – Van den Bosch, Amsterdam 1934

Les Blancs sont au trait et ils manœuvrent avec quatre pièces (la Dame, la Tour e5, le Fou et le Cavalier) contre une aile roi affaiblie et non protégée.

---

[39] La fin de la partie fut : 25.d5 f5 26.♕c3 ♕g2+ 27.♔e3 ♖xe4+ 28.fxe4 f4+ 29.♔xf4 ♖f8+ 30.♔e5 ♕h2+ 31.♔e6 ♖e8+ 32.♔d7 ♗b5 mat 0-1 (note de l'éditeur francophone).

5. Combinaisons de mat

Toutes les conditions favorables sont par conséquent réunies et les Blancs peuvent dans les faits gagner la partie de plusieurs façons, par exemple par

23.♘xg7 ♔xg7

Dans la partie, 23...♘b3 fut joué et la réplique décisive fut 24.♘h5! (24...♘xc1 25.♘f6+ ♔g7 26.♕h7+ ♔xf6 27.♕xh6 mat ; ou 24...♕xd2 25.♘f6+ ♔g7 26.♕h7+ ♔xf6 27.♖c6+, etc.)[40].

24.♗xh6+! ♔xh6 25.♖h5+

25.♕e3+ gagne également, mais nous désirons présenter ici un type de combinaison particulière que l'on pourrait appeler une *combinaison d'attraction*. Le Roi noir est, en quelque sorte, attiré vers la position blanche.

25...♔xh5 26.♕h7+ ♔g5 27.♕g7+ ♔f5

Si 27...♔h5, alors 28.g4+ et mat au prochain coup, ou 27...♔f4 28.♕e5 mat.

28.g4+ ♔e6

28...♔f4 29.♕e5+ ♔xf3 30.♖f1+ conduit aussi au mat.

29.♕e5+ ♔d7 30.♖c7+ ♔d8 31.♕e7 mat

Les pièces noires sont singulièrement passives dans cette partie.

---

[40] La fin de la partie réellement jouée fut : 24...f5 25.♖xf5 ♘xc1 26.♖xf8+ ♔xf8 27.♗b4+ ♔e8 28.♕xb5+ ♔d8 29.♕xb7 1-0 (note de l'éditeur francophone).

5. Combinaisons de mat

3. Combinaisons de pénétration

Ces combinaisons ont pour but de *perturber* la formation des pions du Roi adverse par des menaces, etc., de telle sorte que les pièces puissent pénétrer jusqu'au Roi adverse en longeant ou en traversant cette barricade. Ainsi, la combinaison est exécutée en laissant la chaîne de pions adverse complètement ou partiellement intacte, mais en la rendant vulnérable à un ou plusieurs endroits.

Nous commencerons avec deux exemples simples.

A) Attaque contre le pion noir h7

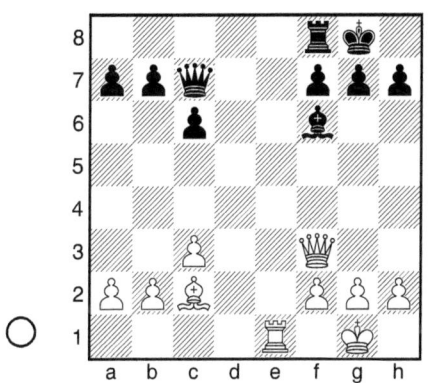

Diag. N° 37

L'attaque blanche contre le pion noir h7 est décisive.

1.♕f5, et les Noirs doivent jouer **1...g6** pour éviter le mat, et ils perdent ainsi une pièce (le ♗f6).

B) Attaque contre le pion noir g7

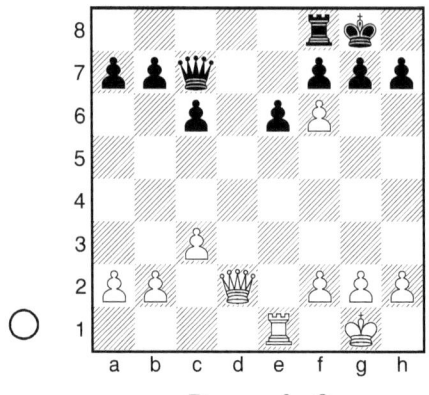

DIAG. N° 38

L'attaque blanche contre le pion noir g7 est décisive.

1.♕g5! force **1...g6** et il suit **2.♕h6**, et le mat est imparable.

Ces deux combinaisons sont très communes dans la pratique et se rencontrent très fréquemment, soit à titre de menace, soit dans l'analyse, ou dans la réalité effective du cours de la partie.

La seconde combinaison en particulier constitue souvent l'aboutissement d'une combinaison plus longue. L'affaiblissement causé par le coup noir ...g7-g6 lorsque se trouve un pion blanc en f6 est généralement mortel, même si la menace de mat sur la case g7 peut encore être parée.

Supposons, par exemple, que dans l'exemple ci-dessus le Roi noir se trouve en h8 et le pion noir g7 en g6, toutes les autres pièces demeurant dans la même position. Même ainsi, les Blancs peuvent forcer la victoire : **1.♕h6 ♖g8 2.♖e3! ♕d8** (menaçant mat) **3.♕xh7+! ♔xh7 4.♖h3 mat** ; ou **2...♕a5 3.♖h3** et le mat suit (mais pas 3.♕xh7+ ♔xh7 4.♖h3+ ♕h5).

5. Combinaisons de mat

Outre la faiblesse noire de la case g6, celle de la case h6 peut aussi avoir de graves conséquences, spécialement si le pion noir f est manquant. Dans ce cas, les Noirs sont impuissants contre une attaque des Blancs le long de la diagonale b1-h7, avec un Fou en b1 et une Dame en d3, étant donné que ...g7−g6 n'est pas jouable.

Voici une combinaison un peu plus compliquée, qui vise la case g7.

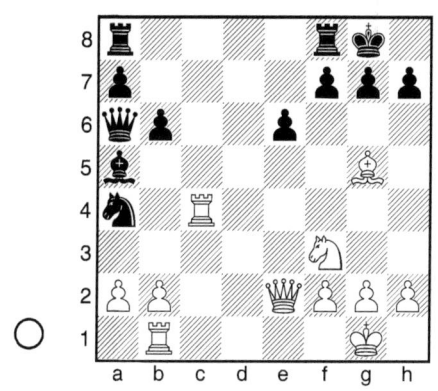

Diag. N° 39
Partie Alekhine – Sterk, Budapest 1921

Les Blancs gagnent grâce à leur supériorité sur l'aile roi : quatre pièces en attaque et pas une seule en défense ! Il est à noter que 23.b4? échoue à cause de 23...♘c3!

23.♗f6!

Menaçant 24.♖g4! ♕xe2 25.♖xg7+ et mat au prochain coup. Une séquence de coups qui se répète fréquemment et dont il faut essayer de se souvenir.

23...♖fc8

5. Combinaisons de mat

Il est évident que 23...gxf6 échoue à cause de 24.♖g4+. D'autres coups ne seraient pas plus utiles : 23...h5 24.♖g4! ♕xe2 25.♖xg7+ ♔h8 26.♘g5, etc. Ou 23...h6 24.♘e5! et 25.♕g4.

24.♕e5!

♕g5, etc. est la menace.

24...♖c5

Après 24...gxf6, il suivrait 25.♖g4+ ♔f8 26.♕d6+ et mat au prochain coup. Après 24...♕xc4 suivrait 25.♕g5 ♔f8 (le seul coup) 26.♕xg7+ ♔e8 27.♕g8+ ♔d7 28.♘e5+, etc.

25.♕g3 g6 26.♖xa4, et gagne.[41]

L'exemple suivant, dans lequel la formation des pions adverse est dérangée par un sacrifice, est différent.

---

[41] La fin de la partie fut : 26...♕d3 27.♖f1 ♖ac8 28.♖d4 ♕f5 29.♕f4 ♕c2 30.♕h6 1-0 (note de l'éditeur francophone).

5. Combinaisons de mat

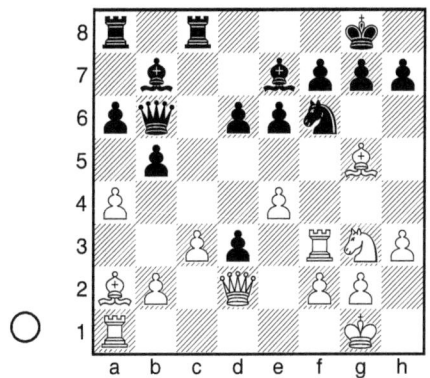

DIAG. N° 40
Partie Nisch – Woog, Leipzig 1934

Dans cette position, la prépondérance des Blancs sur l'aile roi n'est pas aussi écrasante que dans la combinaison de mat précédente.

Néanmoins, elle contient une combinaison gagnante.

1.♗xf6 ♗xf6 2.♖xf6 !

De cette façon, les Blancs poursuivent deux buts en même temps : l'échange d'une pièce de défense et la création d'une brèche dans la position du Roi noir.

2...gxf6

À présent, le Roi noir est exposé. Par conséquent, l'objectif des Blancs consiste à amener leurs pièces aussi rapidement que possible.

3.♕h6 !

Menaçant 4.♘h5 et 5.♕g7 mat. La disposition très maladroite des pièces noires fait que la menace de mat ne peut être parée qu'au prix de lourdes pertes matérielles.

5. Combinaisons de mat

3...♖c5

Si 3...♔h8, les Blancs gagnent par 4.♘h5 ♖g8 5.♕xf6+, et mat au prochain coup. Après 3...♕d8, il suivrait 4.♘h5 ♕f8 5.♘xf6+, et mat au prochain coup.

Après le coup joué, les Noirs ont l'attention de répliquer à 4.♘h5 par 4...♖xh5.

4.♗d5!

Bloque le chemin de la Tour, rendant ainsi ♘h5 possible, avec le mat qui suit.

4. Combinaisons latérales (ou combinaisons sur la dernière rangée)

Tandis que les combinaisons de mat directes et de destruction ont comme but la démolition de la couverture de pions adverse par la force ou en annihilant la protection qu'elle offre, les combinaisons de pénétration et les combinaisons latérales se caractérisent par un contournement de la couverture de pions.

Les combinaisons de pénétration provoquent des faiblesses, à partir desquelles les pièces peuvent s'infiltrer derrière les pions.

Les combinaisons latérales esquivent l'action des pions en attaquant par le côté. Par conséquent, ces attaques de flanc ont lieu généralement sur la septième et la huitième rangée.

Pour commencer, un exemple caractéristique d'une combinaison sur la septième rangée.

5. Combinaisons de mat

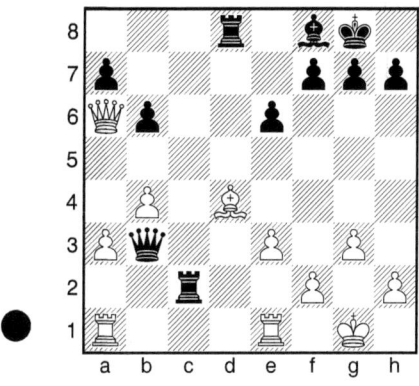

DIAG. N° 41
Partie Nimzowitsch – Capablanca, New York 1927

Les Noirs, ayant déjà une Tour sur la septième rangée, sacrifient un pion afin d'occuper cette rangée avec leur seconde Tour, ce qui conduit à une décision rapide.

26...e5! 27.♗xe5 ♖dd2!

Menaçant le pion blanc f2.

28.♖f1

Le meilleur coup, toutefois, aurait été 28.♕f1, et après 28...♖xf2 29.♕xf2 ♖xf2 30.♔xf2, les Blancs ont deux Tours contre la Dame et n'ont pas grand-chose à craindre.

Dans le bulletin du tournoi, Alekhine mentionne la combinaison gagnante suivante, indiquée par Capablanca : 28.♕f1 ♕d5 29.♗d4 ♕h5 (Si 29...♕f3 30.♖ac1) 30.h4 (la menace était ...♖xf2 avec ...♕xh2+ à la fin) 30...♕f3 avec des conséquences fatales, car 31.♖ac1 échoue à cause de 31...♖xf2 et le mat suit.

Cependant, la variante est bancale, car les Blancs ont un bien meilleur coup avec 29.♗f4 au lieu de

117

5. Combinaisons de mat

29.♗d4, comme cela a été suggéré. Pour l'instant, le pion g3 est protégé et dès que la Dame noire joue en f3, la réplique blanche ♖ec1 ou ♖ac1 est suffisante. Par conséquent, après 28.♕f1, les Noirs n'ont rien de mieux qu'une attaque positionnelle lente commençant par 28...a7-a5.

La partie s'est poursuivie par la compliquée mais belle suite de coups suivante : 28.♕b7 ♖xf2 29.g4 (la case g2 et le pion h2 sont à présent défendus) 29...♕e6 30.♗g3 ♖xh2!, etc. (31.♗xh2 ♕xg4+ 32.♔h1 ♕h3)[42].

28...♕xe3!

Un beau sacrifice de Dame. Après 29.fxe3, il suit 29...♖g2+ 30.♔h1 ♖xh2+ 31.♔g1 ♖cg2 mat. Le point culminant de la combinaison noire sur la septième rangée !

Il est important de mémoriser ce schéma de mat « à l'étouffée » avec les deux Tours.

29.♗f4 ♖xf2!

De nouveau le même mat à l'étouffée avec le sacrifice de la Dame. Les Blancs ne peuvent plus éviter d'être matés.

Deux Tours sur la septième rangée représentent une arme redoutable. Outre ce qui précède, elles peuvent parfois aussi forcer un autre mat, par exemple

---

[42] La fin de la partie réellement jouée fut : 31.♕f3 ♖hg2+ 32.♕xg2 ♖xg2+ 33.♔xg2 ♕xg4 34.♖ad1 h5 35.♖d4 ♕g5 36.♔h2 a5 37.♖e2 axb4 38.axb4 ♗e7 39.♖e4 ♗f6 40.♖f2 ♕d5 41.♖e8+ ♔h7 0-1 (note de l'éditeur francophone).

5. Combinaisons de mat

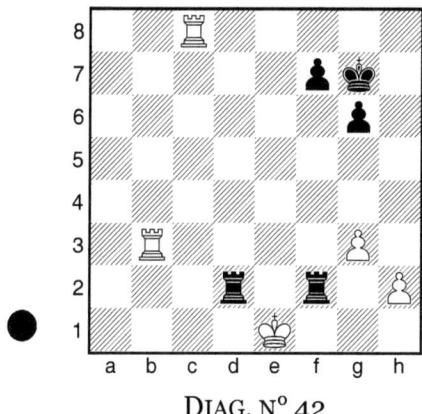

DIAG. N° 42

Les Noirs ont un gain forcé : **1...♖de2+ 2.♔d1 ♖a2 3.♔e1** (3.♖e3 coûterait une Tour à cause de 3...♖a1+ suivi de ...♖f1+) **3...♖xh2**, et la double menace de mat ne peut pas être parée.

Même si aucune des manœuvres de mat susmentionnées ne réussit, généralement les deux Tours parviennent malgré tout à obtenir un avantage matériel d'une autre manière. Une des Tours, par exemple, peut menacer le mat sur une certaine case et, en même temps, attaquer un pion ou une pièce. L'adversaire est obligé de parer le mat, ce qui fait que le pion ou la pièce menacé est perdu.

À la lumière de tout cela, il est très intéressant de placer deux Tours sur la septième rangée. En général, cette disposition des Tours vaut bien le sacrifice de quelques pions. Cela ne comporte pas de grands risques, car le nul demeure presque toujours une option disponible en raison de la possibilité d'un échec perpétuel.

Si les Tours sont aidées par une autre pièce, pion avancé, Fou ou Cavalier, alors le mat peut, en règle générale, être facilement forcé.

5. Combinaisons de mat

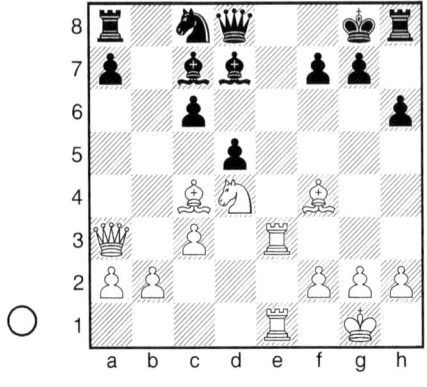

DIAG. N° 43
Partie Leonhardt – Tarrasch, Hambourg 1910

19.♗xc7

Dans le but d'obtenir la case e8.

19...♛xc7 20.♖e8+! ♗xe8 21.♖xe8+ ♚h7 22.♗d3+ g6

Dans la partie 22...f5 fut joué, et les Blancs l'emportèrent rapidement 23.♖xh8+ ♚xh8 24.♛f8+ ♚h7 25.♗xf5+ g6 26.♗xg6+[43] ♚xg6 27.♛f5+ ♚g7 28.♘e6+! Une fin élégante !

23.♖xh8+ ♚xh8 24.♛f8+ ♚h7 25.♘f5!

À présent, les Blancs obtiendront dans tous les cas trois pions pour la qualité et le résultat ne fait plus aucun doute. Les Noirs ont le choix entre

A) 25...f6   26.♛xh6+   ♚g8   27.♛xg6+   ♚f8 28.♛xf6+, et

---

[43] Dans la partie réelle, les Noirs abandonnèrent ici (note de l'éditeur francophone).

5. Combinaisons de mat

B) 25...♕e5 26.♕xf7+ ♚h8 27.♕f8+ ♚h7 28.♕xh6+ ♚g8 29.♕xg6+, etc.

Bien entendu 25...gxf5 n'est pas possible à cause de 26.♗xf5 mat.

De nombreuses combinaisons sur la huitième rangée conduisent au mat. Ce type de combinaison est généralement fondé sur une faiblesse supplémentaire dans la position adverse, la surcharge d'une pièce, qui sera abordée dans le chapitre suivant, où nous reviendrons, par conséquent, à nouveau sur la combinaison sur la huitième rangée.

6. COMBINAISONS OUVERTES

À la page 86, nous avons subdivisé les combinaisons ouvertes dans les catégories suivantes.

1) Combinaisons pour gagner du matériel.
2) Combinaisons avec point focal.
3) Combinaisons avec clouage.
4) Combinaisons avec découverte.
5) Combinaisons avec surcharge.
6) Combinaisons avec obstruction.
7) Combinaisons desperado.
8) Combinaisons cumulatives.

Voyons à présent ces différentes sortes de combinaisons séparément.

1. Combinaisons pour gagner du matériel

Ce type de combinaison est basé sur la mobilité réduite, la non-protection ou une autre faiblesse d'une pièce adverse.

Un exemple bien connu d'une pièce avec une mobilité réduite est le cas du Fou blanc f1 dans la partie espagnole. Par exemple : **1.e4 e5 2.♘f3 ♘c6 3.♗b5 a6 4.♗a4 d6 5.d4 b5 6.♗b3 exd4**

6. Combinaisons ouvertes

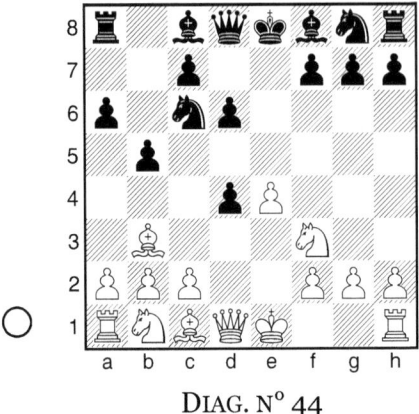

DIAG. N° 44

7.♘xd4? ♘xd4 8.♕xd4 c5 et les Noirs gagnent une pièce **9.♕d5 ♗e6 10.♕c6+ ♗d7 11.♕d5 c4**[44].

Un autre exemple est celui d'une Dame qui s'aventure à aller prendre le pion b2 (ou b7) en s'exposant de la sorte à de nombreux dangers. Par exemple : **1.d4 d5 2.c4 c6 3.cxd5 cxd5 4.♘c3 ♘f6 5.♘f3 ♘c6 6.♗f4 ♗f5 7.e3 ♕b6 8.♗d3 ♗xd3 9.♕xd3**

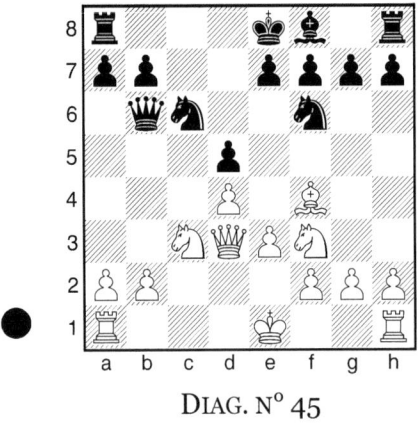

DIAG. N° 45

---

[44] Ce piège est connu sont le nom de *piège de l'arche de Noé* (note de l'éditeur francophone).

6. Combinaisons ouvertes

À présent, les Noirs peuvent capturer le pion b2 par **9...♕xb2**, mais après **10.0-0** non seulement ♖fb1 menace de regagner le pion b7, mais aussi ♘b5 suivi de ♖fb1 avec la capture de la Dame.

Si les Noirs continuent par **10...♕a3**, alors **11.♖ab1** regagnera au moins le pion, car **11...b6 12.♖b3 ♕a5 13.♘b5** conduit à la perte de la partie.

L'exemple suivant est aussi très instructif. La position du diagramme n° 46 a été atteinte après les coups : **1.c4 c6 2.e4 d5 3.exd5 cxd5 4.d4 ♘f6 5.♘c3 ♘c6 6.♗g5 ♕b6? 7.cxd5 ♕xb2? 8.♖c1 ♘b4**

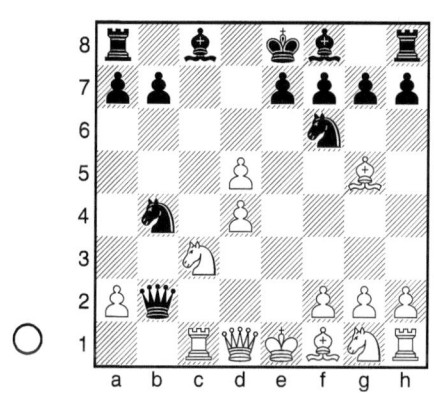

Diag. n° 46
Partie Botvinnik – Spielmann, Moscou 1935

Les Blancs gagnent de manière forcée.

9.♘a4 ♕a3

Après 9...♕xa2, il suit 10.♗c4 ♕a3 11.♖c3 avec une perte matérielle décisive (mais pas 11.♖a1? à cause de 11...♕xa1 12.♕xa1 ♘c2+).
Spielmann essaya 10...♗g4 et abandonna après 11.♘f3 ♗xf3 12.gxf3 1-0.

6. Combinaisons ouvertes

10.♖c3 ♕xa2 11.♗c4, et la dame noire n'a plus de case.

La Dame aurait pu être sauvée par 10...♘c2+ suivi de 11...♕d6, mais la perte d'une pièce dans cette position équivaut à un abandon.

Dans la partie suivante, un autre exemple d'enfermement de pièce.

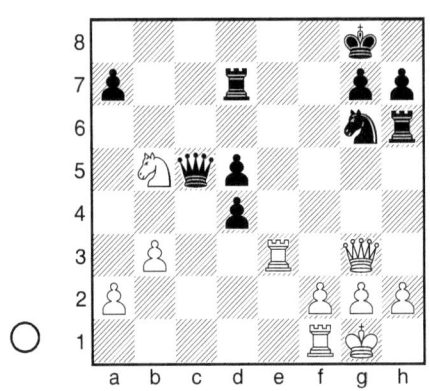

DIAG. N° 47
Partie Bernstein – Lasker, Zurich 1934

Le Cavalier blanc est exposé et n'a pour l'instant aucune case sur laquelle se replier. Toutefois, sa perte n'est pas inéluctable. Les Blancs pouvaient continuer avec 29.♖e8+ ♘f8 30.♕d3, sur quoi le Cavalier blanc peut revenir dans son camp via la case d4 avec le gain d'un pion au passage (si 30...♖h4 31.f4).

Au lieu d'opter pour cette voie sûre, les Blancs choisirent une autre continuation qui, tout en rendant la partie plus compliquée, n'a pas pour but premier d'assurer la protection de leur Cavalier, ce qui provoque leur perte.

29.♕b8+

6. Combinaisons ouvertes

Comme déjà indiqué 29.♖e8+ aurait dû être joué. Après 29...♔f7, il aurait pu suivre 30.♖b8 avec la menace ♕f3+.

29...♘f8 30.♖f3

Confinant la Dame noire à la défense du Cavalier noir. La menace blanche est ♘xd4.

30...♖b6! 31.♕e8

Menaçant ♖xf8+ suivi de ♕xd7.

31...♖f6

La pointe surprenante de la combinaison noire. Le Cavalier blanc est perdu.

32.♖xf6 gxf6 33.♕e2 a6

Et les Noirs ont pris au piège le Cavalier blanc. Un retournement de situation spectaculaire.[45]

2. Combinaisons avec point focal

Il convient d'observer attentivement la différence entre ces combinaisons et celles présentées ci-dessus.
La combinaison pour gagner du matériel est fondée sur la faiblesse d'une seule pièce, laquelle faiblesse est exploitée d'une manière persistante. Ainsi, une pièce dont l'activité est limitée ou qui est faible pour d'autres raisons constitue l'objet de la combinaison. Par conséquent, cette combinaison ne peut réussir que si la faiblesse perdure durant plusieurs coups. Si une des

---

[45] La fin de la partie fut : 34.♘xd4 ♕xd4 35.♕xa6 ♕e5 36.♕d3 ♘e6 37.g3 d4 38.♖c1 ♕d5 39.h4 ♔g7 40.♖e1 ♘c5 41.♕d1 d3 42.b4 ♘e4 43.♕f3 ♘c3 44.♕g4+ ♔f7 0-1 (note de l'éditeur francophone).

6. Combinaisons ouvertes

pièces n'est pas défendue l'espace d'un seul coup, alors une combinaison de ce type n'est pas à craindre.

En revanche, il en va autrement dans le cas des combinaisons avec point focal dans lesquelles plusieurs pièces sont concernées et les connexions qu'elles entretiennent entre elles.

Par exemple, deux Cavaliers noirs non protégés en c7 et en h6 qui peuvent être menacés simultanément par une Dame blanche en c1, voir la page 80. Nous appelons à présent la case c1 *le point focal des faiblesses simultanées*. Nous avons vu à la page 21 que la case e4 était le point focal du Cavalier blanc faible en b7 et du pion blanc en g2 (en réalité, c'est le Roi blanc qui est faible, étant donné que le coup noir ...♕xg2 menace le mat).

D'autres exemples bien connus sont :

1) Le Roi noir en e8 et une Tour noire en a8. Un Cavalier blanc en c7 peut alors menacer ces deux pièces simultanément. La case c7 est le point focal de ces faiblesses.

2) Ou un Fou blanc en c6 avec la même disposition des deux pièces noires. La case c6 est dans ce cas le point focal.

3) Un pion blanc en e5 menace à la fois un Cavalier noir en f6 et un Fou noir en d6. Dans ce cas, cette menace est appelée *une fourchette*.

Il faut en particulier conserver un œil attentif sur les attaques doubles que peut administrer la Dame adverse, car cette pièce possède une très grande activité. Par exemple, une Dame blanche en h1 peut menacer un Roi noir en h8 et une Tour noire en a8.

L'exemple du diagramme n° 48 est à peine un peu plus compliqué.

6. Combinaisons ouvertes

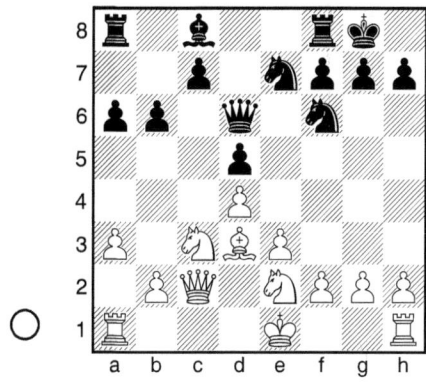

DIAG. N° 48
Partie Euwe – Alekhine, Zurich 1934

Le dernier coup des Noirs a été 11...b6, qui rend leur Tour a8 temporairement faible. Une autre faiblesse est le pion noir h7, qui est défendu et attaqué deux fois. Les Blancs peuvent chercher à tirer parti de ces circonstances favorables.

Cela est possible de la manière suivante.

12.e4[46] dxe4 13.♘xe4 ♘xe4 14.♗xe4

Avec une menace double contre la Tour noire a8 et le pion h7. La case e4 est le point focal de ces faiblesses.

Les Noirs ne sont pas forcés d'échanger en e4, mais dans ce cas, ils perdent un pion à cause de la menace blanche e4-e5. Si la Dame noire joue, alors il suit 13.e5 suivi de la prise du pion noir h7.

Après 12...♘d7 (ou 12...♘e8), aussi bien 13.exd5 h6 14.♘e4 que 13.♘xd5 ♘xd5 14.exd5 h6 15.♖c1 (ou 15.♕c6) sont très forts.

---

[46] Dans la partie réelle, 12.b4 fut joué, qui est moins fort.

La combinaison blanche est la conséquence immédiate du coup noir 11...b6, à cause duquel les Noirs ont ouvert temporairement la diagonale e4-a8.

Il convient de demeurer attentif *aux changements de position*. On peut affirmer comme règle générale que *les combinaisons sont fondées sur les changements qui se produisent dans la position*.

Il convient de mentionner que l'attaque double n'est pas nécessairement catastrophique. Il est très souvent possible de parer les deux menaces simultanément.

Par exemple, une Dame blanche en c1 menace les Cavaliers noirs en c7 et en h6 : une Dame noire en b6 peut protéger ses deux Cavaliers.

Il convient cependant d'évaluer soigneusement une telle parade et, surtout, de calculer les conséquences de la protection double. Si, par exemple, la Dame noire en b6 peut être menacée par un Cavalier blanc depuis c8, alors cette parade est insuffisante, car la Dame noire devra abandonner la défense de l'un de ses Cavaliers.

3. Combinaisons avec clouage

Les combinaisons avec clouage sont étroitement reliées aux combinaisons avec un point focal.

Supposons un Roi noir en h8 et une Tour noire en f6. Les Blancs jouent leur Fou en c3 : dans les faits, ce coup instaure une menace double. La menace qui pèse sur le Roi devient évidente si les Noirs désirent soustraire leur Tour attaquée, ce qui est, naturellement, interdit par les règles du jeu. Si c'était la Dame noire qui se trouvait en h8 au lieu du Roi, un coup de la Tour ne serait pas interdit par les règles, mais serait tout de même insensé.

Nous disons que la Tour est clouée. Nous appelons le Fou blanc *le cloueur* et le Roi ou la Dame en h8 *la pièce masquée*.

En règle générale, la pièce qui se trouve derrière (la pièce masquée) a une valeur importante, car sinon le

6. Combinaisons ouvertes

clouage perdrait de son importance. Dans l'exemple précédent, le clouage des Blancs gagnera au minimum la qualité, étant donné que la Tour ne peut pas s'échapper et qu'elle peut être capturée au coup suivant. En revanche, si au lieu d'une Tour, c'était un Cavalier qui se trouvait en f6, alors la capture de ce Cavalier ne rapporterait aucun avantage aux Blancs. Dans ce cas, il faudrait essayer de profiter du clouage d'une autre manière ; en premier lieu en attaquant la pièce clouée. Si, par exemple, les Blancs arrivent à mettre un pion en g5, alors cette attaque conduirait au gain d'une pièce, étant donné que le Cavalier noir menacé par le pion g5 ne peut pas bouger.

Le pion est la pièce idéale pour tirer profit d'un clouage : une pièce cloue et un pion prend la pièce clouée. Voici un exemple.

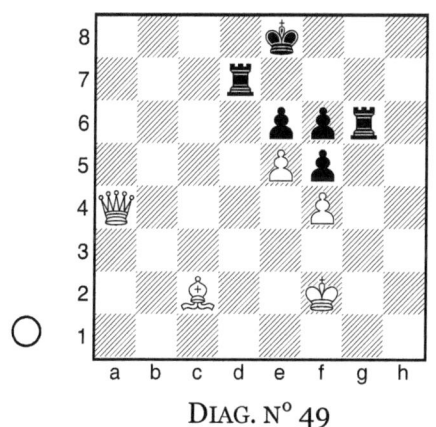

DIAG. N° 49

Les Blancs gagnent de la manière suivante : **1.♗xf5**. À présent, si les Noirs prennent le Fou ou s'ils jouent la Tour attaquée, la Tour en d7 est perdue. **1...exf5 2.e6** ou **1...♖gg7 2.♗xe6**.

Ainsi, la combinaison avec clouage a comme but d'attaquer la pièce clouée. Une autre sorte de combi-

6. Combinaisons ouvertes

naison avec clouage bien connue est présentée dans l'exemple suivant.

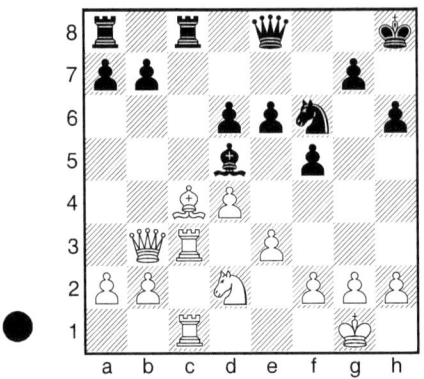

DIAG. N° 50
Partie Naegeli – Flohr, Zurich 1934

Le Fou blanc en c4 est cloué. Le clouage, cependant, n'est que partiel. Le Fou peut capturer son homologue en d5 mais ne peut bouger sur aucune des cases de la diagonale f1-a6. L'attaque d'une pièce partiellement clouée est généralement infructueuse : la pièce se retire en sécurité dans la direction sur laquelle elle peut se mouvoir.

Cependant, les Noirs transforment à présent le clouage partiel en un clouage complet au moyen d'un sacrifice.

21...♖xc4! 22.♘xc4 b5!

À présent, le Cavalier cloué en c4 ne peut pas s'échapper et par conséquent il est perdu. Le plausible 23.♘xd6 échoue à cause de 23...♕g6, qui menace mat en g2. Il en résulte que les Noirs obtiennent deux pièces mineures pour une Tour, avec une position gagnante pour eux[47].

---

[47] La fin de la partie fut : 23.♕b4 23...bxc4 24.f3 ♕d8 25.b3 ♖b8 26.♕a3 cxb3 27.axb3 ♕b6 28.♖c7 a5 29.♖1c3 f4 30.♕c1 ♗b7

6. Combinaisons ouvertes

Le clouage le plus fréquent dans le jeu pratique est celui d'un Cavalier noir en f6 par un Fou blanc en g5, avec comme pièce masquée la Dame noire en d8. Ce clouage est souvent très désagréable pour les Noirs. Le Cavalier noir ne peut pas bouger à cause de ♗g5xd8 et la Dame ne peut en général pas s'éloigner en raison de ♗g5xf6 qui provoquerait des pions doublés pour les Noirs.

Examinons la position du diagramme n° 51.

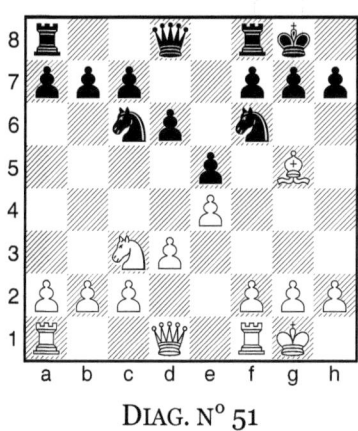

DIAG. N° 51

Commençons par supposer que le trait est aux Noirs. La Dame noire ne peut pas quitter sa position sans exposer gravement l'aile roi. Par exemple : **1...♕d7? 2.♗xf6 gxf6 3.♘d5** entraîne au minimum la perte d'un pion **3...♔g7 4.♕f3 ♕d8 5.♕g3+ ♔h8 6.♕h4 ♔g7 7.f4**. Le meilleur coup des Noirs est **1...♘b8** afin de défendre par la suite l'autre Cavalier par ...♘b8-d7.

Si le trait est aux Blancs, alors **1.♘d5** s'avère rapidement décisif. Après ce coup, la Dame noire n'a plus la possibilité de bouger (**1...♕d7? 2.♗xf6**, etc.). De

---

31.♖f7 ♘d5 32.♕c2 ♘xc3 33.♕g6 ♖g8 0-1 (note de l'éditeur francophone).

6. Combinaisons ouvertes

plus, il existe aussi le schéma d'attaque avec la séquence de coups ♘xf6+ gxf6 ; ♗h6 qui gagne la qualité, étant donné que ...♖fe8 échoue à cause de ♕g4+ avec mat au prochain coup. Après **1...♔h8** suit **2.f4** et les Noirs ne peuvent pas défendre leur Cavalier en f6. Tandis qu'après **1...h6** suit **2.♘xf6+ gxf6 3.♗xh6**.

Ainsi, la seule possibilité restante est **1...♖e8 2.f4** (menaçant 3.fxe5 suivi de la prise du Cavalier) **2...♖e6 3.f5! ♖e8 4.♖f3 ♘b8** (la seule manière de soutenir le Cavalier f6) **5.♗xf6 gxf6 6.♖g3+ ♔h8** (6...♔f8 7.♕g4) **7.♕h5 ♖g8** (autrement 8.♖h3, etc.) **8.♕xh7+**, etc.

La prudence est de mise lorsque a lieu un clouage avec le Fou en g5. Par exemple, les Noirs gagnent au moins un pion dans la position suivante.

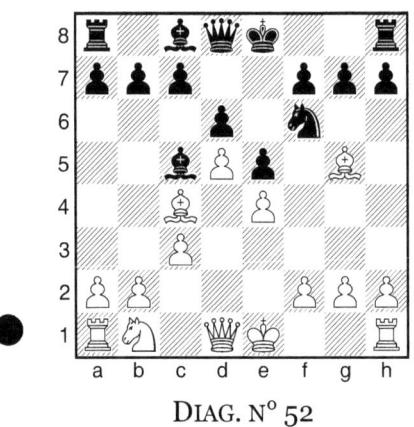

DIAG. N° 52

1...♗xf2+ 2.♔xf2 (meilleur est 2.♔f1) **2...♘xe4+** (pas 2...♘g4+ à cause de 3.♕xg4!), etc.

L'exemple suivant est plus compliqué.

6. Combinaisons ouvertes

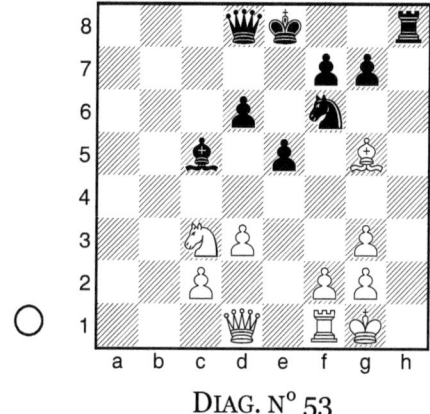

DIAG. N° 53

Les Blancs, faisant trop confiance au clouage du Cavalier noir, jouèrent **1.♘e4** qui permit la combinaison surprise **1...♘xe4! 2.♗xd8 ♘xg3**, suivi d'un mat imparable. Nous pourrions appeler cette combinaison une *combinaison d'anéantissement*.

Cela nous conduit au type de combinaisons suivant. Nous pouvons considérer la dernière combinaison qui vient d'être montrée de la manière suivante. La Dame noire en d8 est menacée par le Fou blanc en g5, mais un Cavalier noir se trouve encore interposé entre eux. Ainsi, il s'agit d'un cas de *menace indirecte*. Quand il est permis au Cavalier de s'écarter avec le coup 1...♘xe4, deux menaces surgissent soudain, à savoir ...♕xg5 et ...♘xg3. Le fait que les Blancs puissent parer la première en gagnant la Dame (2.♗xd8) est accessoire et n'a aucune importance ici, étant donné que la seconde menace conduit à un mat forcé.

Passons au type de combinaison suivant.

4. Combinaisons avec découverte

Supposons une Tour blanche en e1 et un Fou blanc en e3. Les Noirs ont quant à eux une Dame en e4. La Dame noire est *menacée indirectement* par la Tour blanche. La pièce attaquante, la Tour, est masquée par son propre Fou en e3.

Il est évident que cette position comporte de grands dangers pour les Noirs. Si la Tour blanche est protégée et si une Tour noire se trouve en f8, les Blancs peuvent menacer simultanément la Tour noire en f8 et la Dame noire en e4 au moyen du coup ♗c5. Il est à remarquer que l'effet de ♗c5 serait le même si les Noirs avaient un pion en b6 rendant la case c5 inaccessible dans des circonstances normales.

Le Fou est, pour ainsi dire, tabou, car le dernier coup a découvert une attaque contre la Dame noire. Si au lieu d'une Tour, c'était le Roi noir qui se trouvait en f8, alors la Tour blanche n'aurait même pas besoin d'être défendue, et après ♗c5+ il suivrait la prise de la Dame dans tous les cas.

La combinaison avec découverte qui se rencontre le plus fréquemment est la suivante.

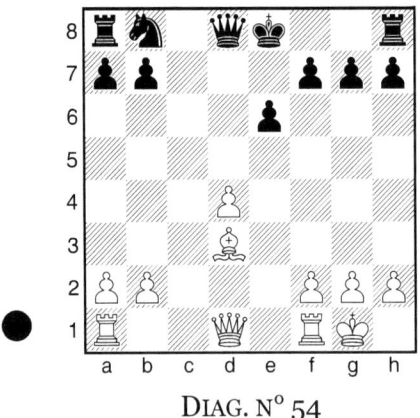

DIAG. N° 54

6. Combinaisons ouvertes

Les Noirs ne peuvent pas jouer **1...♕xd4** à cause de **2.♗b5+** gagnant la Dame (après 2...♘c6 suit 3.♕xd4). Même si les Noirs avaient roqué, le coup 1...♕xd4 conduirait à la perte de la Dame après 2.♗xh7+ suivi de 3.♕xd4.

L'exemple suivant est plus compliqué.

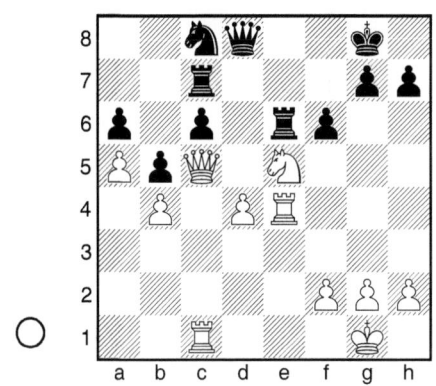

Diag. N° 55
Partie Euwe – Alekhine, Zurich 1934

Le dernier coup noir a été **30...f6**, après lequel la Tour noire en e6 n'est plus protégée. À présent, cette Tour est menacée indirectement par la Tour blanche en e4 (et vice versa).

Par conséquent, les Blancs doivent s'efforcer de créer la menace la plus forte possible avec leur Cavalier qui se trouve entre les deux Tours. Elle doit être au moins aussi forte que la menace momentanément impossible ...♖xe4. Si le Roi noir était en h8, alors 31.♘g6+ (ou 31.♘f7+) serait le coup approprié (attaquant le Roi !). L'un ou l'autre de ces échecs gagnerait au minimum la qualité.

Cependant, comme le Roi est hors de portée du Cavalier dans cette position, cette pièce doit se contenter d'une attaque contre la Dame. La prise du pion noir c6 (31.♘xc6) échoue à cause de 31...♖exc6. Une combinaison est cependant possible par

6. Combinaisons ouvertes

31.♘f7

Avec une menace double sur la Dame noire et la Tour noire. La façon la plus simple de parer en prenant le Cavalier aventureux par 31...♔xf7 échoue à cause de 32.♕h5+ ♔e7 (les autres coups conduisent à la perte de la Tour noire en e6. Par exemple : 32...g6 33.♕xh7+, etc.) 33.♖xe6+ ♔xe6 34.♖e1+ ♔d7 35.♕f5+ ♔d6 36.♕e6 mat. Par conséquent, les Noirs doivent parer la menace double d'une autre manière.

31...♕e8

Les Blancs poursuivirent par

32.♖xe6 ♕xe6 33.♘d8

Et les Blancs capturent le pion noir c6, après quoi ils obtiennent un pion passé très fort[48].

Une forme particulière de menace indirecte est *l'échec à la découverte*. Si l'attaque avec la Tour blanche en e1 sur le Roi noir en e8 est masquée par un Cavalier blanc en e4, alors les Blancs peuvent mettre en échec le Roi en jouant leur Cavalier, ce qui constitue un échec à la découverte.

Si une Dame noire se trouve en a4, alors les Blancs peuvent gagner cette Dame au moyen du coup ♘c5+ ou ♘c3+.

Si le Cavalier donne échec en jouant ♘d6+ ou ♘f6+, alors nous parlons d'un *échec double*. La force spécifique d'un échec double réside dans le fait que le Roi adverse doit bouger. Interposer une pièce n'est pas possible étant donné que le Roi est menacé depuis deux

---

[48] La fin de la partie fut : 33...♕e4 34.♘xc6 h6 35.d5 ♕d3 36.h3 ♕d2 37.g3 ♔h8 38.♔g2 ♕d3 39.♖e1 ♔h7 40.♖e3 ♕d2 41.♖e8 ♕d3 42.♕d4 ♕c4 43.♕e4+ ♕xe4+ 44.♖xe4 ♔g8 45.♘b8 ♔f7 46.♘xa6 ♖d7 47.♖d4 ♘e7 48.d6 ♘f5 49.♖d5 ♘xd6 50.♘c5 ♖d8 51.♘e4 ♘b7 52.a6 ♔e6 53.♖xd8 1-0 (note de l'éditeur francophone).

directions. Nous pouvons voir un parfait exemple d'échec double dans la miniature suivante.

1.e4 c6 2.d4 d5 3.♘c3 dxe4 4.♘xe4 ♘f6 5.♕d3 e5? 6.dxe5 ♕a5+ 7.♗d2 ♕xe5 8.0-0-0 ♘xe4? (si 8...♕xe4 9.♖e1)

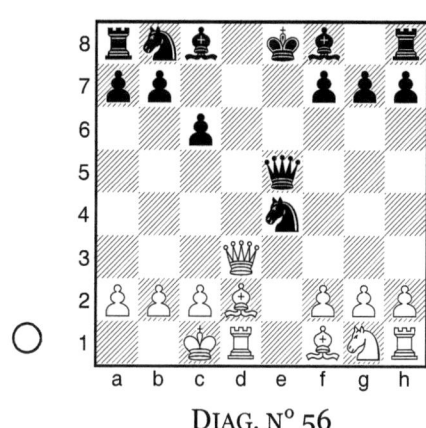

Diag. n° 56

9.♕d8+! ♔xd8 10.♗g5+, échec double et le mat suit au prochain coup.

Celui qui désire apprécier la force de l'échec à la découverte devrait rejouer la fin de la partie Torre – Lasker, Moscou 1925.

6. Combinaisons ouvertes

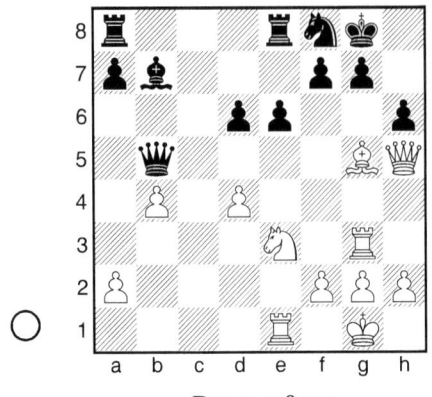

Diag. N° 57
Partie Torre – Lasker, Moscou 1925

25.♗f6!! ♕xh5 26.♖xg7+ ♔h8 27.♖xf7+ ♔g8 28.♖g7+ ♔h8

En raison de la position dominante de leur Fou, les Blancs peuvent prendre toutes les pièces sur la septième rangée sans en perdre eux-mêmes une seule.

29.♖xb7+ ♔g8 30.♖g7+ ♔h8 31.♖g5+

Le désavantage de prendre le pion noir a7 serait que cela donnerait de l'activité à la Tour noire a8.

31...♔h7 32.♖xh5, et les Blancs gagnèrent facilement[49].

Il convient d'observer dans la position du diagramme que le Fou blanc est cloué par la Dame noire, mais qu'en même temps la Dame noire est indirectement menacée par la Dame blanche.

---

[49] La fin de la partie fut : 32...♔g6 33.♖h3 ♔xf6 34.♖xh6+ ♔g5 35.♖h3 ♖eb8 36.♖g3+ ♔f6 37.♖f3+ ♔g6 38.a3 a5 39.bxa5 ♖xa5 40.♘c4 ♖d5 41.♖f4 ♘d7 42.♖xe6+ ♔g5 43.g3 1-0 (note de l'éditeur francophone).

6. Combinaisons ouvertes

5. Combinaisons avec surcharge

Nous appelons une pièce « engagée » si elle doit remplir une certaine tâche. Si un Cavalier blanc en f3 protège un Fou blanc en d4 contre une attaque de la Dame noire en d8, la défense du Fou constitue son engagement. Le Cavalier ne peut bouger nulle part, car dès qu'il joue le Fou serait perdu. Cet engagement suspend sa liberté d'action. Si les Noirs arrivent à placer avec succès un pion en g4, attaquant de cette manière le Cavalier, alors les Blancs perdraient une pièce : soit le Fou si le Cavalier joue, ou le Cavalier s'il reste à sa place.

Une règle générale que nous devrions fréquemment adopter est *qu'il faut s'efforcer d'attaquer les pièces de l'adversaire qui sont engagées dans une fonction défensive.*

De là s'ensuit l'inverse : seules les pièces qui sont suffisamment protégées contre les attaques adverses devraient se voir confier les fonctions les plus importantes. Il serait exagéré d'affirmer qu'il faut éviter autant que possible « d'engager » une pièce, car cela fait partie de leurs fonctions. Par conséquent, une position où les pièces ne seraient pas engagées d'une manière ou d'une autre est inconcevable.

Il faut bien entendu veiller à ce que les engagements soient répartis aussi équitablement que possible. Une pièce qui remplit trop de fonctions simultanément est dite *surchargée*, et cette surcharge peut facilement donner des possibilités de combinaisons.

Un exemple simple.

6. Combinaisons ouvertes

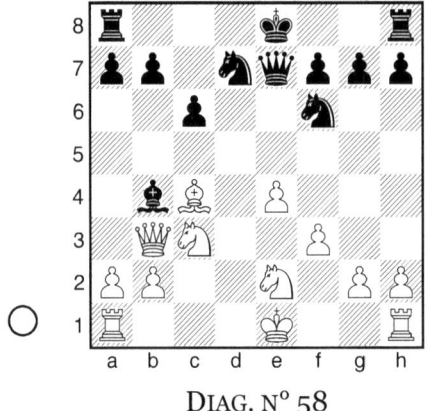

DIAG. N° 58

La Dame noire est surchargée, étant donné qu'elle doit défendre le pion f7 et le Fou b4 en même temps. Cela donne l'occasion aux Blancs d'effectuer la combinaison simple suivante.

1.♗xf7+ ♛xf7 2.♕xb4, avec gain d'un pion.

Un cas de « surcharge » est plus compliqué lorsque plusieurs pièces sont impliquées : une pièce remplit déjà une certaine fonction, mais en plus elle doit accomplir une seconde tâche qu'elle partage avec une autre pièce. Si l'on réussit à dévier cette seconde pièce, alors la première devient surchargée. Un tel cas se présente dans l'exemple suivant (diagramme n° 59).

Le pion blanc f3 est apparemment protégé trois fois, mais en réalité il n'en est rien, car chacune des pièces de protection a une seconde fonction à remplir : la Dame blanche doit défendre le Fou en c4, la Tour f1 doit défendre la Tour en c1, et pour finir le pion en g2 doit protéger le Roi.

Par conséquent, les Noirs peuvent prendre le pion f3 sans risque : **19...♗xf3!**, avec le gain d'un pion[50].

---

[50] La fin de la partie fut : 20.♕xf3 ♖xc4 21.♔h1 ♕d2 22.a3 ♕b2 23.d5 exd5 24.♕xd5 ♖xc3 25.♖ce1 ♕xa3 26.♖e8 ♖xe8 27.♕xf7+

6. Combinaisons ouvertes

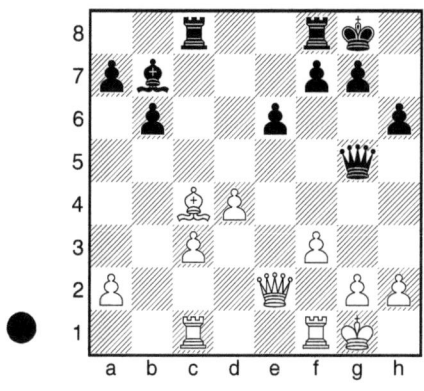

DIAG. N° 59
Partie Lilienthal – Tartacover, Paris 1933

À la page 121, nous avons déjà souligné le lien entre les combinaisons avec surcharge et les combinaisons sur la dernière rangée. Nous avions surtout considéré les combinaisons latérales se terminant par le mat sur la dernière rangée.

Le lien entre ces deux sortes de combinaisons est évident. Si le Roi adverse n'a pas de case sûre sur la seconde rangée, il court le risque d'être maté sur la première rangée. Pour cette raison, la première rangée est en règle générale défendue par une ou plusieurs pièces lourdes. Dans de tels cas, les pièces en question ne peuvent agir que sur cette seule rangée et pas sur une colonne ou une diagonale. Il n'est pas toujours très facile de s'en rendre compte, et dans de tels cas, le joueur est souvent victime d'une erreur optique.

L'exemple suivant, bien que banal, est particulièrement instructif, car il montre au lecteur comment les pièces, lorsqu'elles sont engagées horizontalement pour la défense d'une rangée, peuvent être inefficaces sur les diagonales ou les colonnes.

♔h7 28.♕xe8 ♖e3 29.♕f7 ♕d3 30.h3 a5 0-1 (note de l'éditeur francophone).

6. Combinaisons ouvertes

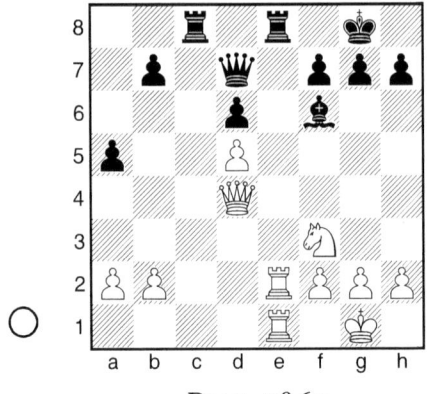

Diag. n° 60
Partie Adams – Torre, La Nouvelle-Orléans 1920

La Dame noire et la Tour c8 sont les deux astreintes à la défense de la Tour noire en e8 et, par conséquent, leur mobilité est très limitée. Les Blancs peuvent tirer parti de cela de manière très esthétique.

18.♕g4!

Avec attaque de la Dame noire. Cette pièce doit se retirer sur la diagonale a4–e8, étant donné que la Tour noire e8 doit demeurer défendue.

18...♛b5

Les Noirs ne peuvent pas jouer 18...♜ed8 à cause de 19.♕xd7 suivi de 20.♖e8+.

19.♕c4

On peut voir que la Dame blanche est parfaitement en sécurité ici. La Tour noire et la Dame noire sont les deux liées à la défense de la Tour noire en e8.

19...♛d7 20.♕c7!!

6. Combinaisons ouvertes

Un exemple d'erreur optique que nous évoquions : la case c7 n'est défendue en réalité ni par la Tour c8 ni par la Dame d7 à cause de la menace qui pèse sur la Tour noire e8.

20...♛b5

20...♛a4 21.♖e4 aurait gagné un tempo par rapport à la partie.

21.a4 ♛xa4 22.♖e4

Menaçant 23.♛xc8 ♖xc8 (23...♛xe4 24.♛xe8+) 24.♖xa4 avec gain d'une Tour. Les Blancs ne peuvent pas jouer 23.♖xa4 immédiatement à cause de 23...♖xe1+ et 24...♖xc7.

22...♛b5 23.♛xb7 1-0

Les Noirs abandonnent, étant donné que leur Dame n'a plus une seule case pour fuir à partir de laquelle elle pourrait continuer à défendre la Tour e8.

6. Combinaisons avec obstruction

Nous parlons *d'obstruction* si, deux pièces appartenant au même joueur, l'une entrave l'autre. La plupart des cas d'obstruction sont très inoffensifs et n'ont pas de conséquences importantes. Un Cavalier blanc en f3 empêche la sortie projetée de la Dame blanche en g4. Les Blancs doivent dès lors envisager une manœuvre pour exécuter leurs plans, soit atteindre g4 par une autre voie, soit enlever leur Cavalier puis jouer ♛g4. Cette obstruction par une seule pièce n'est que temporaire et, généralement, n'influence pas la partie.

Cependant, l'obstruction peut également prendre des formes très différentes. Si les pions n'ont pas avancé suffisamment et si les pièces « manquent de cases », pourrait-on dire, alors ce n'est plus seulement un pro-

6. Combinaisons ouvertes

blème temporaire. Si une pièce cherche à s'activer, alors une autre perd son activité, et vice versa. Nous pouvons appeler cela *une obstruction collective chronique*.

Une telle obstruction collective peut bien sûr conduire à de graves conséquences. Si les pièces ne sont pas en mesure de remplir leurs fonctions ordinaires, si chaque changement de leur position nécessite beaucoup de temps, si parer l'attaque de l'adversaire exige de prendre des mesures longtemps à l'avance, bref, si la position ne « fonctionne » pas normalement, alors les conditions pour une combinaison gagnante sont réunies. L'exemple suivant illustre cela très clairement.

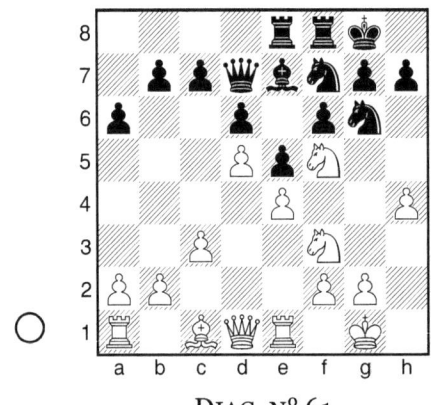

Diag. n° 61
Partie Asztalos – Stoltz, Bled 1931

La position noire est très resserrée. Les pièces se gênent mutuellement de sorte que chaque manœuvre des troupes demande beaucoup de temps. La conséquence de cela est que les Blancs peuvent faire une combinaison décisive.

16.♘h2!

Menaçant 17.♕g4 suivi de 18.♘h6+ et de ♕xd7, ou 18.h5 suivi de ♕xg7 mat. En raison de leur position

6. Combinaisons ouvertes

malheureuse, les Noirs ne peuvent se défendre d'aucune manière contre ces menaces.

Par exemple 16...♛d8 17.♕g4 et le pion noir g7 ne peut pas être défendu, ainsi le coup h4-h5 gagnera une pièce ; ou 16...♞h6 17.♝xh6 gxh6 18.h5, etc. Le meilleur coup semble être

16...♚h8[51]

Parant la menace blanche ♞h6+ après ♕g4.

17.♕g4 ♜g8

À présent, h4-h5 est également paré, mais l'autre menace est revenue sous une autre forme.

18.♞h6!

Et les Blancs gagnent la Dame, car les Noirs ne peuvent pas prendre la Dame blanche à cause de 19.♞xf7 mat. (Supposons un instant que dans la position après 18.♞h6, le pion noir e5 ne soit pas là, alors après 18...♞ge5, un très bon exemple de surcharge apparaîtrait. Le Cavalier noir défend sa Dame ainsi que l'autre Cavalier en f7. Les Blancs pourraient profiter de cette surcharge du Cavalier en jouant soit 19.♕xd7 ou 19.♞xf7+).

L'obstruction collective peut également devenir fatale d'une autre manière, à savoir si la Dame adverse parvient à se frayer un chemin au cœur de la position. Le combat direct au corps à corps conduira alors à la défaite des troupes désorganisées. Un bel exemple de cela est montré dans la partie suivante.

---

[51] La fin de la partie réellement jouée fut : 16...♞xh4 17.♞xh4 g6 18.g3 f5 19.exf5 g5 20.♞g2 ♕xf5 21.♕g4 ♕g6 22.♕e4 ♕g7 23.♞e3 h5 24.♞f5 ♕f6 25.g4 ♞h8 26.♝e3 ♞g6 27.gxh5 ♞f4 28.♞g4 ♕h7 29.♝xf4 ♕xh5 30.♝g3 1-0 (note de l'éditeur francophone).

6. Combinaisons ouvertes

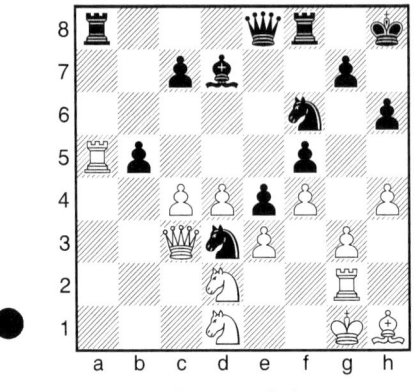

Diag. N° 62
Partie Bogoljubov – Alekhine, Hastings 1922

Les pièces blanches sur l'aile roi (la Tour en g2, le Fou en h1) sont très mal placées, de même que les deux Cavaliers. Les Noirs voient une possibilité de pénétrer dans la position blanche au moyen d'une combinaison.

29...b4! 30.♖xa8

De même après 30.♕a1 ♖xa5 31.♕xa5 ♕a8!, les Noirs pourraient pénétrer dans la position adverse avec leur Tour ou leur Dame, aussi bien après 32.♕xc7 32...♕a1!, etc. qu'après 32.♕xa8 ♖xa8 33.♘b3 ♖a3.

30...bxc3 31.♖xe8 c2

Très surprenant ! Les Noirs sacrifient leurs deux Tours dans le but d'obtenir une nouvelle Dame. Non pas que cela leur apporte un avantage matériel (en réalité ils perdent un pion), mais parce que la nouvelle Dame sera immédiatement dans une position avantageuse dans le combat contre les pièces blanches dispersées.

32.♖xf8+ ♔h7 33.♘f2

6. Combinaisons ouvertes

Forcé.

33...c1♕+ 34.♘f1

Un exemple frappant d'obstruction collective.

34...♘e1

Menaçant mat.

35.♖h2 ♕xc4

Les Noirs menacent ...♗b5, qui serait immédiatement décisif. Si les Blancs jouent ♘d2, les Noirs peuvent répondre ...♕e2. Par conséquent, les Blancs sont forcés de jouer **36.♖b8** et de donner la qualité après **36...♗b5** par **37.♖xb5**. Cela ne peut bien évidemment pas sauver la partie[52].

7. Combinaisons desperado

Un *desperado* est une pièce qui, dans une combinaison particulière, est perdue de manière inévitable et en échange de laquelle on essaie d'obtenir le plus de matériel possible. Nous avons déjà vu un exemple de cela à la page 90. Si nous suivons le développement de la partie tel qu'imaginé dans la note à 19.♗xc4, une combinaison desperado a lieu après le vingt et unième coup des Blancs.

---

[52] La fin de la partie fut : 37...♕xb5 38.g4 ♘f3+ 39.♗xf3 exf3 40.gxf5 ♕e2 41.d5 ♔g8 42.h5 ♔h7 43.e4 ♘xe4 44.♘xe4 ♕xe4 45.d6 cxd6 46.f6 gxf6 47.♖d2 ♕e2 48.♖xe2 fxe2 49.♔f2 exf1♕+ 50.♔xf1 ♔g7 51.♔f2 ♔f7 52.♔e3 ♔e6 53.♔e4 d5+ 0-1 (note de l'éditeur francophone).

6. Combinaisons ouvertes

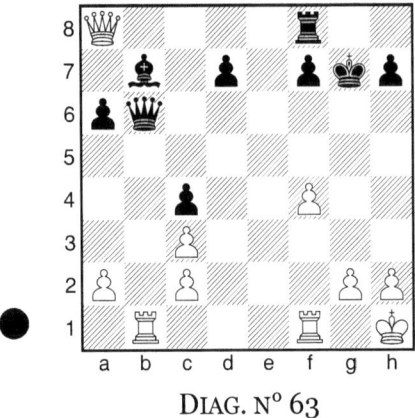

DIAG. N° 63

Les Noirs, au trait, raisonnent de la manière suivante : « Si je prends la Dame blanche, alors les Blancs captureront la mienne. Par conséquent, ma Dame est inévitablement perdue : cette pièce est un *desperado*. Ainsi, je dois prendre en échange le maximum que je peux. »

21...♕xb1

Si les Blancs jouent maintenant 22.♖xb1, alors après 22...♗xa8, il s'en suivrait que les Noirs auraient gagné une Tour grâce à leur combinaison.

22.♕xf8+!

Cette action desperado est beaucoup plus forte, car elle donne en même temps un échec. Les Noirs sont forcés de prendre la Dame blanche et après **22...♔xf8**, les Blancs ont gagné la qualité.

Si dans le diagramme n° 63 les Tours blanches s'étaient trouvées en b1 et en g1 (au lieu d'en b1 et en f1), alors les Noirs auraient pu prendre l'avantage au moyen du coup 21...♕xg1+.

6. Combinaisons ouvertes

La possibilité d'un desperado constitue une indication forte qu'une combinaison est faisable. L'exemple ci-dessus a déjà montré qu'un desperado peut provoquer toutes sortes de coups atypiques. Évidemment, il est préférable de prévoir l'apparition d'un desperado et de pouvoir prendre des mesures à temps.

La manière de créer un desperado illustrée dans l'exemple ci-dessus est fréquente : on répond à l'attaque d'une de ses propres pièces (la Dame blanche en a8) par une contre-attaque (♖ab1) contre une autre pièce (la Dame noire). C'est pourquoi il convient de faire preuve d'une grande prudence dans cette manière d'attaquer et de contre-attaquer, et ne la décider qu'après avoir soigneusement examiné toutes les possibilités.

Alekhine a pris conscience des dangers d'un desperado dans la partie suivante jouée en simultanée contre Boekdrukker (Bussum 1933).

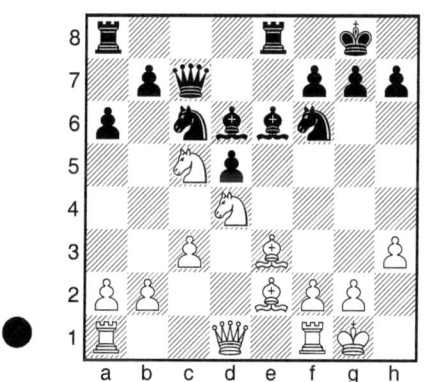

DIAG. N° 64
Partie Alekhine – Boekdrukker, Bussum 1933

Le dernier coup blanc a été 15.♘c5, dans le but de continuer, après 15...♗xc5, par 16.♘xe6 et 17.♗xc5. Par conséquent, le Fou noir en e6 est totalement inutile. Même si les Noirs n'avaient pas cette pièce, ils ne seraient pas en désavantage matériel après 15...♗xc5.

Ce Fou noir en e6 est un desperado : tout ce que les Noirs peuvent obtenir en échange de lui constitue du profit net. C'est pourquoi il suivit

15...♗xh3

Avec l'idée, après 16.gxh3, de rester avec un pion de plus après 16...♗xc5. Cependant, c'est à présent le Cavalier blanc qui devient un desperado et la conséquence fut

16.♘xa6

Le Fou noir en h3 est un desperado, mais 16...♗xg2 n'est pas possible parce que la Dame noire est menacée. Par conséquent les Noirs jouèrent

16...♗h2+ 17.♔h1 ♗xg2+

Avec échec.

18.♔xg2 bxa6

Les Noirs ont finalement gagné un pion grâce à leur combinaison, mais elle n'est pas encore terminée, car dans la position obtenue la Dame noire est surchargée : elle doit défendre à la fois le Fou en h2 et le Cavalier en c6. Par conséquent, les Blancs prennent l'une de ces deux pièces.

19.♘xc6

Les Noirs surprennent à présent leur adversaire une nouvelle fois. Le pion f2 est surchargé : il doit protéger le Fou e3 et empêcher le coup noir fatal ...♕g3+. La suite fut

19...♖xe3 20.fxe3 ♕g3+ 21.♔h1 ♗g1!

6. Combinaisons ouvertes

Menaçant de mater les Blancs par ...♕h2, tandis que 22.♖xg1 est réfuté par 22...♕h3 mat. Les Blancs sont obligés de sacrifier une Tour (22.♖f2), après quoi les Noirs gagnèrent sans difficulté[53].

Ce dernier exemple amènera peut-être le lecteur à réfléchir : à quoi sert-il de savoir qu'on peut sacrifier un desperado ? Si la combinaison finale inopinée 19...♖xe3 n'avait pas été possible, une pièce aurait été perdue malgré toutes les connaissances. C'est vrai, *mais il ne faut jamais exécuter une combinaison en fonction de règles préétablies*. Il faut se réjouir que la théorie du desperado attire l'attention sur la possibilité 15...♗xh3! Toutefois, elle n'est d'aucune aide pour les calculs ultérieurs. Cela est une question de réflexion profonde et précise ainsi que de fantaisie et d'imagination. Cependant, on gagne déjà beaucoup si on sait *quand il faut* et *quand il ne faut pas* chercher à réaliser des combinaisons dans une position donnée. Et à cet égard, la théorie du jeu combinatoire est certainement d'une grande importance.

8. Combinaisons cumulatives

Toutes les combinaisons examinées jusqu'ici sont caractérisées par un déroulement rapide et forcé, et le but qu'elles visaient était clairement visible.

Les combinaisons que nous allons aborder à présent suivent un parcours différent des précédentes, car elles nécessitent un jeu préparatoire. Cela consiste à forcer l'adversaire, pour une raison ou pour une autre, à effectuer certains coups. L'adversaire est constamment préoccupé par les menaces à parer et est contraint de déplacer ses pièces sur les cases que l'autre joueur désire.

---

[53] La fin de la partie fut : 22...♗xf2 23.♕f1 ♖e8 24.♕g2 ♕xe3 25.♗f3 ♘e4 26.♘d4 ♖e5 27.♕h2 ♗g3 28.♕e2 ♘f2+ 29.♔g2 ♕h6 30.♕c2 0-1 (note de l'éditeur francophone).

6. Combinaisons ouvertes

Une telle situation constitue l'argument pour réaliser une combinaison. L'attaquant reçoit le signal qu'il doit chercher une combinaison. Dans de nombreux cas, il aura la possibilité d'intensifier de manière décisive la pression existante pour placer une combinaison.

Il est vrai que dans le jeu préliminaire à la combinaison, l'adversaire se trouve dans une situation où la plupart de ses coups sont forcés, mais il n'y a pas encore de but clairement visible. Dès que ce but devient manifeste, la combinaison prend forme. Naturellement, il peut être très varié : prise de matériel, attaque sur le Roi, forcer un clouage fatal, mater sur la huitième rangée, etc.

Par conséquent, dans les faits ces combinaisons cumulatives ne sont jamais entièrement spécifiques. L'issue de chaque combinaison cumulative appartient en réalité à une autre catégorie, et nous avons ainsi affaire à des combinaisons comportant plusieurs aspects combinatoires en même temps. Le chapitre suivant sera dévolu à ce type de combinaisons.

Nous terminons ce chapitre par un exemple caractéristique d'une telle combinaison cumulative, extrait d'une partie entre Réti et Bogoljubov, New York 1924.

Afin de permettre au lecteur de voir clairement le jeu préliminaire et l'augmentation graduelle d'une légère pression jusqu'à une pression absolue et à l'exécution de la combinaison, nous reproduisons l'ensemble de la partie.

Réti, R. – Bogoljubov, E.
Jouée au Tournoi de New York, le 02.04.1924

1.♘f3 d5 2.c4 e6 3.g3 ♘f6 4.♗g2 ♗d6 5.0-0 0-0 6.b3 ♖e8 7.♗b2 ♘bd7 8.d4 c6 9.♘bd2 ♘e4 10.♘xe4 dxe4 11.♘e5 f5 (ici commence une légère pression : avec tout autre coup que celui joué, le pion noir e4 serait perdu à plus ou moins brève échéance) **12.f3! exf3 13.♗xf3 ♕c7** (les Noirs doivent chasser le Cavalier blanc s'ils veulent libérer leur position) **14.♘xd7 ♗xd7 15.e4! e5** (permettre le coup blanc e4-e5 conduirait à une partie perdue, car les Blancs, tôt ou tard, pourraient percer la position avec leur pion d ou leur pion g).

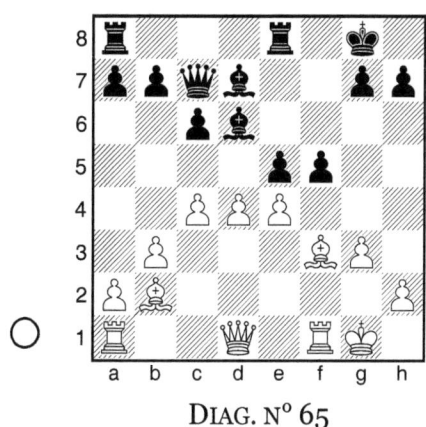

DIAG. N° 65

À présent commence la combinaison cumulative réelle. La légère pression devient une pression totale.

16.c5 ♗f8 17.♕c2!

Menaçant simultanément les pions noirs f5 et e5 (la Dame blanche en c2 défend le pion c5, ainsi dxe5 devient possible). Les Noirs ne peuvent pas prendre le pion blanc e4 à cause de ♗xe4, qui attaquerait le pion noir h7, et donc conduirait à la perte du pion noir e5.

17...exd4 18.exf5 ♖ad8

Défense indirecte du pion noir d4 (19.♗xd4 ♗xf5! 20.♕xf5 ♖xd4). Les Noirs ne peuvent pas jouer 18...♖e5 (au lieu de 18...♖ad8) à cause de 19.♕c4+ ♔h8 20.f6! gxf6 21.♗xd4, avec une attaque gagnante.

19.♗h5 ♖e5 20.♗xd4 ♖xf5 21.♖xf5 ♗xf5 22.♕xf5

6. Combinaisons ouvertes

♖xd4

Les Noirs ont tout juste réussi à maintenir l'équilibre matériel, mais n'ont pas pu s'opposer à l'apparition de faiblesses. À présent, la supériorité blanche triomphe grâce à une combinaison sur la huitième rangée.

23.♖f1 ♖d8

Après 23...♕e7, la belle suite 24.♗f7+ ♔h8 25.♗d5!! ♕f6 (le seul coup) 26.♕c8 ou 26.♕e6 gagne.

24.♗f7+ ♔h8 25.♗e8!! 1-0

Une belle conclusion. Les Noirs ne peuvent éviter le mat sur la huitième rangée qu'en donnant leur Fou.

7. COMBINAISONS COMPLEXES

Dans les chapitres précédents, nous avons classifié les combinaisons et avons examiné chaque type séparément. Ainsi, nous avons pu distinguer, d'un point de vue théorique, deux groupes avec douze types en tout.

Cependant, dans la pratique, il est rare que l'une ou l'autre combinaison apparaisse sous une forme absolument pure. Au cours d'une partie, les pièces d'échecs vivent dans un monde où le destin de l'une est susceptible d'affecter le destin de toutes. Cela est d'autant plus manifeste lorsque les pièces en question sont proches les unes des autres. Plus la distance est petite, plus la relation est forte. Si une pièce est placée défavorablement, alors, en règle générale, les autres pièces doivent venir à son secours et sont de fait très souvent obligées de quitter leurs positions avantageuses.

Les pièces sont comme des alpinistes qui, reliés par des cordes, s'efforcent de gravir une montagne escarpée : soit ils peuvent tous garder leur équilibre au moment critique, soit ils tombent tous dans l'abîme. Les pièces de chaque joueur sont également reliées aux autres par des cordes invisibles grâce auxquelles les forces et les faiblesses sont transmises et réparties entre elles. Si certaines cordes sont trop tendues, il devient alors possible de faire une combinaison. Celle-ci sera toujours dirigée contre le point le plus faible de la position adverse. Toutefois, elle tiendra aussi compte d'autres « faiblesses secondaires ». Ces faiblesses secondaires sont presque toujours présentes et offrent plusieurs possibilités auxiliaires pour la combinaison.

Souvent, une seule faiblesse ne suffit pas pour réaliser une combinaison. Deux faiblesses offrent proportionnellement davantage de possibilités de combinaisons. On peut dire que la probabilité d'une combinaison augmente avec chaque faiblesse supplémentaire. La combinaison devient alors plus complexe. Elle peut

7. Combinaisons complexes

être simultanément une combinaison ouverte et une combinaison de mat, ou elle peut comprendre plusieurs sortes de combinaisons ouvertes et de mat. Dans un tel cas, nous parlons de *combinaison complexe*. Le mot « complexe » ne réfère pas à la combinaison elle-même, mais aux différents aspects de la combinaison.

Voici tout d'abord un exemple d'une telle combinaison composite.

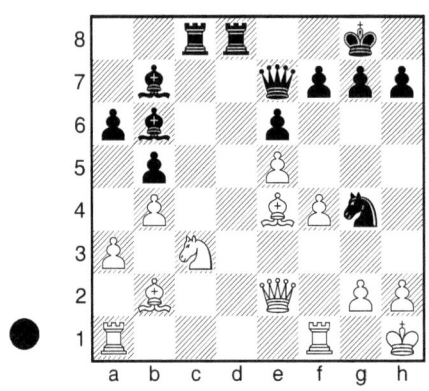

DIAG. N° 66
Partie Rotlewi – Rubinstein, Lodz 1907

Un coup d'œil à cette position nous renseigne

1. Sur l'aile roi, les Blancs ont encore leurs pions f4 et h2 intacts.
2. Les Noirs possèdent une supériorité du point de vue des pièces disponibles pour attaquer : leur Fou en b6, leur Dame, leur Cavalier contre la Dame blanche (les actions du Fou blanc en e4 et du Fou noir en b7 se neutralisent mutuellement). Le Fou noir en b6 est particulièrement fort parce qu'il contrôle la case g1.
3. Les Tours noires sont mieux placées que les blanches (avantage de développement).
4. La Dame et le Cavalier blancs protègent le Fou blanc e4, mais, étant donné que le Cavalier c3 se trouve

7. Combinaisons complexes

sur une colonne contrôlée par la Tour noire c8, dans les faits la Dame blanche est surchargée.

En raison des observations 2 et 3, il est possible d'essayer de chercher une combinaison de mat (malgré l'observation 1), qui peut prendre la forme d'une combinaison de démolition ou d'une combinaison de pénétration. Les chances de réussite sont d'autant plus grandes que la seule pièce de défense, la Dame blanche (voir l'observation 2), est « engagée » (voir l'observation 4).

Par conséquent, les différents aspects sont : la supériorité matérielle noire sur l'aile roi, l'avantage de développement noir et la surcharge de la Dame blanche.

Nous verrons successivement : une *combinaison de pénétration*, la mise à nu du Roi blanc, une *combinaison avec surcharge*, l'entrée en scène du Fou noir b7 et, finalement, une *combinaison latérale* sur la septième rangée pour exécuter le Roi exposé.

Le déroulement de la partie fut

21...♛h4!

En raison des caractéristiques exposées plus haut, il était également possible d'essayer 21...♞xh2, mais les Blancs auraient répliqué 22.♕h5 (menaçant mat en deux coups) 22...♝xe4 23.♞xe4 ♞xf1 24.♖xf1, et les Blancs peuvent commencer une attaque très dangereuse. Parmi les menaces, il y aurait entre autres le sacrifice ♞f6.

22.g3

Après la défense alternative 22.h3, la combinaison se déroulerait selon le plan prévu. Par exemple, supposons qu'il n'y ait pas la Dame blanche, alors les Noirs pourraient gagner par ...♛g3 (menaçant mat) ; hxg4 ♛h4 mat (une *combinaison de pénétration* typique qu'il convient de se souvenir). Par conséquent, la question est : comment éliminer la Dame blanche ? Nous savons que la Dame blanche est attachée à la défense du Fou e4, et notre objectif est, dans cette position, de tirer parti de cela : 22...♖xc3 23.♗xc3 ♗xe4 24.♕xe4 ♕g3!, etc. Cependant, cela est la variante la plus simple. Les Blancs ne sont pas obligés de jouer 24.♕xe4 ou 23.♗xc3. Ainsi, analysons 24.♕xg4 au lieu de 24.♕xe4. Il suivrait 24...♕xg4 25.hxg4 ♖d3! Ou 23..♕xg4 (au lieu de 23.♗xc3), il suivrait 23...♖xh3+ 24.♕xh3 ♕xh3+ 25.gxh3 ♗xe4+ 26.♔h2 ♖d2+, qui serait une belle conclusion.

Dans la suite choisie, les Blancs confient la défense de leur pion h2 à leur Dame. Ainsi, la surcharge devient effective : le Cavalier c3 est éliminé et ensuite la Dame doit défendre à la fois le pion h2 et le Fou e4. L'affaire serait cependant grandement simplifiée si les coups ...♖xc3 et ♗xc3 avaient déjà été joués. Dans la position présente, les Blancs ne sont pas forcés de prendre la Tour noire.

22...♖xc3!

La *combinaison directe de surcharge* apparaît à présent après 23.♗xc3? ♗xe4+ 24.♕xe4 ♕xh2 mat.

23.gxh4

Naturellement, les Noirs avaient calculé très précisément les conséquences de ce coup. Il en résulte une position très différente : les Noirs ont perdu leur Dame, mais toutes leurs autres pièces participent à présent activement au combat, tandis que les Tours blanches sont sans efficacité.

La Dame blanche est toujours « engagée » : elle doit défendre le Fou e4, une tâche très importante, étant donné que le Roi, après un éventuel ...♗xe4+, n'a aucune case de fuite.

7. Combinaisons complexes

Les Noirs appliquent à présent le principe selon lequel une pièce adverse engagée dans une tâche importante doit être attaquée.

23...♖d2!!

Le coup de grâce. Les Blancs sont contraints d'abandonner la défense du Fou e4, étant donné qu'après 24.♕f3 suivrait 24...♖xh2 mat. De même 24.♗xc3 serait insuffisant à cause de 24...♖xe2 (ou encore plus fort 24...♗xe4+), avec une double menace de mat.

24.♕xd2

Pour finir suit la *combinaison latérale*. Le Roi blanc est privé de sa protection de pions tandis que les pièces sont également peu nombreuses en défense (la Dame et tout au plus la Tour f1) et tout à fait incapables de résister à la pression des pièces attaquantes : le Fou b6, le Fou b7, le Cavalier g4 et la Tour c3.

24...♗xe4+ 25.♕g2 ♖h3!

Une jolie conclusion. ...♖xh2 mat menace, qui suivrait effectivement après 26.♕xe4.

Ce mat ne peut être retardé que de deux coups au maximum en sacrifiant des pièces : 26.♖f3 ♗xf3 27.♗d4 ♗xd4, et à présent, quel que soit le coup joué, 28...♖xh2 mat suit !

Nous allons encore présenter plusieurs exemples de combinaisons complexes. Il ne sera cependant pas toujours possible de tracer des lignes de démarcation aussi nettes que dans l'exemple susmentionné. Dans de nombreuses combinaisons, il est possible de dégager une idée principale qui guide leur développement, mais fréquemment la réussite est due aussi à diverses circonstances secondaires.

7. Combinaisons complexes

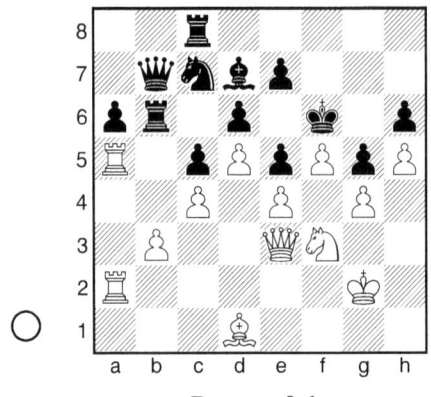

DIAG. N° 67
Partie Noteboom – Winter, Londres 1929

La position est bloquée et par conséquent le Roi noir paraît en sécurité. Néanmoins, les Blancs réussissent à éventrer les fortifications noires par des sacrifices : une *combinaison de démolition*.

1.♖xc5! dxc5

Les Noirs doivent accepter le sacrifice, autrement ils perdraient un pion, ce qui signifierait pratiquement une partie perdue.

2.♘xe5

Les Noirs peuvent très bien refuser ce sacrifice, et ils doivent le refuser en effet, car si 2...♚xe5, alors 3.♕c3+ conduirait au mat : 3...♚d6 4.e5 mat ou 3...♚f4 4.♖f2+ ♚xe4 5.♗c2 mat.

En sacrifiant une Tour pour deux pions, les Blancs sont parvenus à détruire la protection du Roi noir, et ♕c3 menace à présent, suivi d'un échec à la découverte. Cela seul ne suffirait pas pour assurer la réussite de la combinaison. Plusieurs autres facteurs sont cependant présents.

7. Combinaisons complexes

A) Le fait que le Fou en d7 ne soit pas protégé et « à l'étroit » (motif de *gain matériel*).

B) La position défavorable de la Tour noire en b6 par rapport à celle du Roi noir (motif du *point focal*) avec une attaque double d'un Cavalier possible depuis la case d7.

C) Le Cavalier noir en c7 qui interfère la défense du Fou en d7 par la Dame noire en b7 (motif de *l'obstruction*) et empêche la fuite du Roi noir via la case c7 (de nouveau le motif de *l'obstruction*).

2...♘b5

Le but de ce coup se comprend très bien eu égard à la dernière remarque susmentionnée. Les Noirs sacrifient leur Cavalier afin de pouvoir prendre le Cavalier blanc. En même temps, il empêche ♕c3.

En revanche, sur 2...♘e8 (nouvelle obstruction), il aurait suivi 3.♕c3! et le Fou noir serait perdu de manière forcée (le Roi ne peut pas se soustraire à l'échec à la découverte et le Fou n'a pas de case à sa disposition).

D'autres possibilités sont 2...♘a8 3.♕c3 ♗e8 4.♘g6+ ♔f7 5.♕h8!, etc. Ou 2...♗e8 (le meilleur coup) 3.♕c3 ♔g7 (empêche l'entrée de la Dame blanche) 4.♘g6+ ♖f6 5.e5! ♖f7 6.e6+ ♖f6 7.♘xe7, suivi d'une avance décisive des pions passés.

3.cxb5 ♔xe5

Les Noirs pensaient qu'ils pouvaient à présent prendre le Cavalier (car le Roi pouvant s'échapper par c7), mais la suite montre qu'ils se trompent.

Après 3...♗xb5 4.♕c3, la situation serait tout aussi désespérée.

4.♕c3+ ♔d6

4...♔xe4 n'est pas possible à cause de 5.♗f3+ ♔f4 6.♖a4+ c4 7.♕d4 mat.

7. Combinaisons complexes

5.♕g3+ e5

Forcé.

6.fxe6+ ♔e7 7.exd7

Les Noirs abandonnent, étant donné que le duo de pions passé, qui constitue la compensation blanche pour la perte de la qualité, serait rapidement décisif. Par exemple : 7...♔xd7 8.bxa6 ♖xa6 9.♖xa6 ♕xa6 10.e5, etc.

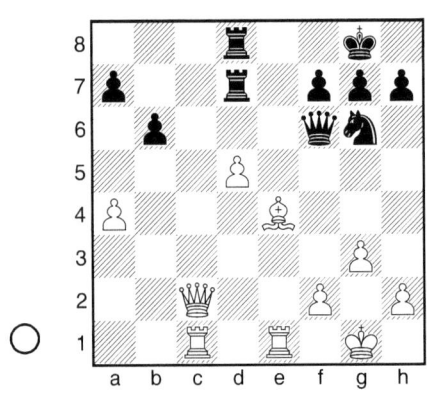

DIAG. N° 68
Partie Alekhine – Colle, Paris 1925

Nous indiquons tout d'abord les coups qui précèdent immédiatement la combinaison proprement dite, afin de montrer comment les Blancs se créent des perspectives avantageuses.

28.♕c6! ♕g5

Les Noirs ne peuvent pas échanger de Dames, car cela aurait considérablement augmenté la valeur du pion passé des Blancs.

Préférable cependant aurait été que les Noirs jouent 28...♖d6, car il apparaîtra bientôt que la case g5 sera fatale pour la Dame.

7. Combinaisons complexes

29.♗xg6

Les Blancs sont à l'affût d'une opportunité sur la huitième rangée et par conséquent ils décident de supprimer le Cavalier. Bien sûr, 29...♕xg6 n'est pas possible à cause de 30.♕xd7 (la Tour noire en d8 est assignée à la protection de la première rangée noire !)

29...hxg6

29...fxg6 aurait été relativement meilleur, mais alors aurait suivi le très fort coup 30.♕e6+ ♔f8 31.♖c4, ou 30...♔h8 31.♕xd7!, ou 30...♖f7 31.♖c8.

Tous les éléments nécessaires à la réussite de la combinaison sont désormais réunis.

30.♕xd7 ♖xd7 31.♖e8+ ♔h7 32.♖cc8!

Et le mat par ♖h8 ne peut être paré par les Noirs qu'en sacrifiant leur Dame, étant donné que leur Roi ne peut pas s'échapper via g6 ou g5[54].

Une *combinaison latérale* sur la huitième rangée et une *combinaison avec obstruction* ont été splendidement associées dans cet exemple.

---

[54] La fin de la partie fut : 32...♖d8 33.♖exd8 1-0 (note de l'éditeur francophone).

7. Combinaisons complexes

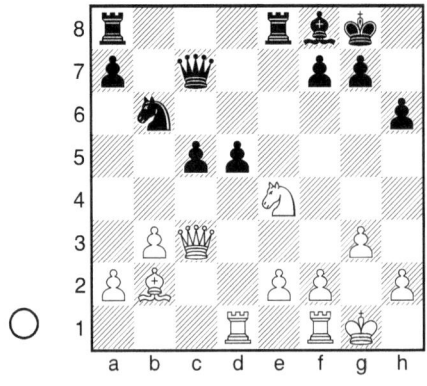

DIAG. N° 69
Partie Lachmann – Müller, Saksassa (Finlande) 1934

Nous donnons cet exemple afin de monter combien il est très important d'observer le bon ordre de coups lors de l'exécution d'une combinaison.

1.♘f6+!

Une manière très particulière et remarquable de démolir la structure des pions défensifs. La combinaison est fondée exclusivement sur la puissance redoutable de la batterie blanche du Fou en b2 et de la Dame en c3.

1...gxf6

Refuser le sacrifice coûterait la perte de la qualité.

2.♕xf6 d4

Apparemment suffisant.

3.♖xd4 cxd4 4.♗xd4

La puissance de la batterie Dame-Fou est restaurée et le mat menace de nouveau.

7. Combinaisons complexes

4...♔h7

Le seul coup, car après 4...♖e5 5.♗xe5 ♕xe5 6.♕xe5, les Noirs auraient trop peu de matériel en échange de la Dame.

5.g4!!

Menaçant 6.♕h8+ ♔g6 7.♕g8+, et mat au prochain coup. Les Noirs ne peuvent pas parer cette menace. Si le Fou noir joue, alors le mat suit immédiatement en g7. De même après 5...h5 6.♕h8+ ♔g6 7.♕xh5 mat.

Il semblerait que les Blancs auraient pu exécuter la combinaison dans un ordre différent : 5.♕h8+ (au lieu de 5.g4) 5...♔g6 6.g4, mais alors les Noirs pourraient sauver la partie d'une manière surprenante : 6...♕xh2+! 7.♔xh2 ♗d6+ suivi de ...♖xh8 (*combinaison avec découverte*).

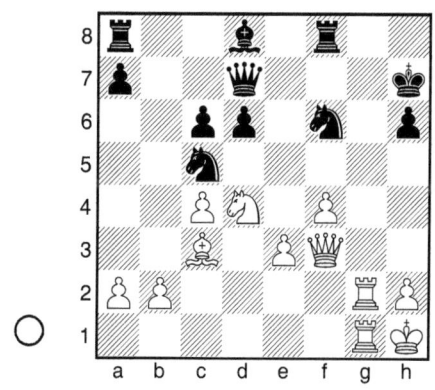

DIAG. N° 70
Partie Kmoch – Yudovich, Léningrad 1934

Nous voyons ici différentes sortes de faiblesses des pièces associées dans un seul exemple. Les Blancs ont sacrifié une pièce pour deux pions et ont obtenu en échange une attaque contre le Roi noir. Ils considèrent à présent que le moment est venu de conclure la partie : ils sacrifient leurs deux Tours contre la Dame adverse dans le but de s'infiltrer dans la position ennemie avec leur propre Dame.

28.♖g7+ ♛xg7 29.♖xg7+ ♚xg7 30.♕xc6

La Tour noire a8 est menacée (*obstruction* par le Fou en d8). Le Cavalier noir en f6 est cloué par le Fou blanc masqué en c3. Le pion noir en d6 *n'est pas protégé*.

30...♗e7

À présent, une seconde possibilité de *clouage* apparaît. Le Roi noir derrière son Fou en e7. De plus, le Roi et le Fou peuvent être attaqués simultanément via un Cavalier depuis le *point focal* f5.

La question est de savoir si 30...♗b6 n'aurait pas été meilleur ici. Les Blancs auraient eu le choix entre trois bonnes continuations : 31.b4 ♞cd7 32.♘e6+, ou 31.♕xd6 menaçant 32.b4 suivi de c5 ; et pour finir 31.♘f5+ ♚g6 32.♘e7+ ♚f7 33.♗xf6 ♚xf6 34.♕xd6+ ♚f7 35.♘f5. Cette dernière variante semble être la plus forte.

31.♘f5+ ♚f7 32.♕c7

La conséquence de ce *clouage* est que ♕xe7+ menace, suivi de ♘xd6+ et de ♕xc5.

32...♞g8 33.♘xd6+ ♚e6

Ainsi, les Noirs retardent une perte matérielle aussi longtemps que possible.

34.f5+! ♖xf5 35.♘xf5 ♚xf5 36.♕e5+ ♚g6

À présent, le Roi et la Tour noirs sous la menace d'une *attaque double* avec e4 comme point focal, lequel est défendu par le Cavalier noir en c5.

7. Combinaisons complexes

37.b4!

Cette attaque contre le Cavalier *surchargé* est décisive.

37...♗f6 38.♕xc5[55]

Les Noirs abandonnent parce que 38...♗xc3 échoue à cause de 39.♕c6+ (par conséquent, le Fou noir doit rester en f6, car autrement la case c6 devient le *point focal* entre le Roi et la Tour noirs).

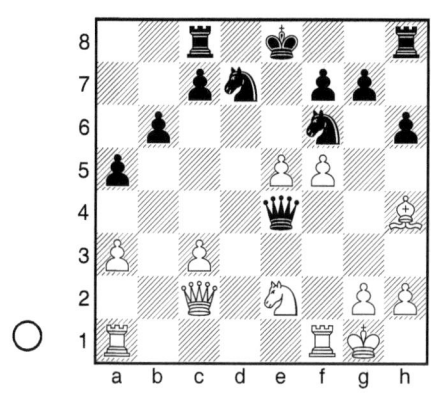

DIAG. N° 71
Partie Lilienthal – Capablanca, Hastings 1935

Le dernier coup noir a été 19...♕xe4, avec l'espoir de forcer l'échange des Dames par 20.♕xe4, étant donné que le dernier coup noir menace aussi ...♕xe5. Il suivit cependant une combinaison surprenante.

20.exf6!

Il est clair que la position *peut* contenir une combinaison : le Roi noir est encore sur sa case d'origine, le Cavalier était attaqué en f6 et la Dame noire se trouve

---

[55] La fin réelle de la partie fut plutôt : 38.♕g3+ ♔f7 39.♕c7+ ♔g6 40.♕xc5 1-0 (note de l'éditeur francophone).

7. Combinaisons complexes

dans une position peu sûre. De même, il est manifeste quel doit être le premier coup dans ce cas. Pourtant, c'est tout au mérite du joueur qui conduit les Blancs d'avoir découvert la combinaison, car il est rare que le sacrifice d'une Dame soit possible en dehors de la présence d'une combinaison de mat forcée.

20...♕xc2

Forcé, étant donné que 20...♕xh4 serait suivi de 21.fxg7 ♖g8 22.f6.

21.fxg7 ♖g8

À présent les motivations deviennent claires : le sacrifice de la Dame a servi à *démolir* la protection du Roi noir et, assez curieusement, pour atteindre cette fin, les Blancs ont dû « faire disparaître » leur propre pion du Roi (le pion sur la colonne e). Après le coup de la partie, le Roi noir est exposé à une menace directe sur la colonne ouverte e. Une combinaison de *mat directe* va suivre à présent. Sa réussite est dû à cause de

A) *l'obstruction* du Roi noir par son Cavalier en d7 et par sa Tour en c8 ;

et B) *la faiblesse* de la Dame noire en raison du Cavalier blanc qui peut la menacer en un coup.

Par conséquent, les Noirs n'ont pas le temps de sécuriser leur Roi.

22.♘d4! ♕e4

Les Noirs doivent retirer leur Dame.

Après 22...♕xc3, il aurait suivi 23.♖ae1+ ♘e5 (obstruction à cause du Cavalier en d7) 24.♖xe5+ ♔d7 25.♖d5+ ♔e8 (obstruction à cause de la Tour en c8) 26.♖e1, et les Blancs regagnent la Dame. (Un coup plus fort, quoique plus compliqué, aurait été 25.♖d1.)

23.♖ae1 ♘c5 24.♖xe4+ ♘xe4 25.♖e1

7. Combinaisons complexes

Le *clouage* du Cavalier noir est comme le dernier maillon de cette chaîne combinatoire.

25...♖xg7 26.♖xe4+

Les Noirs abandonnent, étant à la fois en désavantage matériel et positionnel.

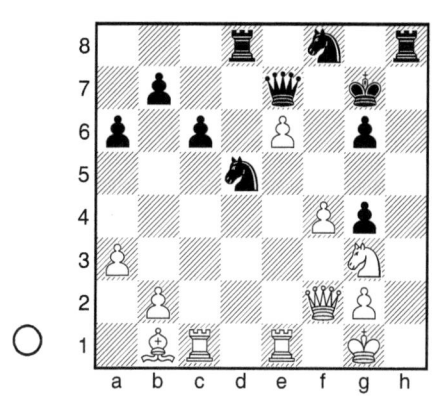

DIAG. N° 72
Partie Capablanca – Kan, Moscou 1935

Les Blancs font bon usage de la *position exposée* du Roi noir, ainsi que de la position relative défavorable du Roi et de la Dame noirs (*point focal* en f5).

34.♗xg6! ♔xg6

Évidemment pas 34...♞xg6 à cause de 35.♘f5+.

35.♕c2+ ♔f6

La seule case pour le Roi noir, autrement suit ♘f5+.

36.♕f5+ ♔g7 37.♕xg4+ ♔h7

Après 37...♔f6 suit 38.♕g5 mat.

38.♖e5!

7. Combinaisons complexes

L'exécution. À présent les Blancs menacent mat par ♖h5. Dans la partie fut joué le coup moins fort 38.♔f2, qui permit aux Noirs de se défendre encore pendant un certain temps avec 38...♕g7[56].

38...♘f6

Après 38...♕g7 les Blancs gagnent la Dame par 39.♖h5+ suivi de ♖g5.

39.♕h4+

Et les Noirs doivent sacrifier leur Dame pour empêcher le mat : 39...♔g8 (39...♔g7? 40.♘f5+) 40.♖g5+, etc.

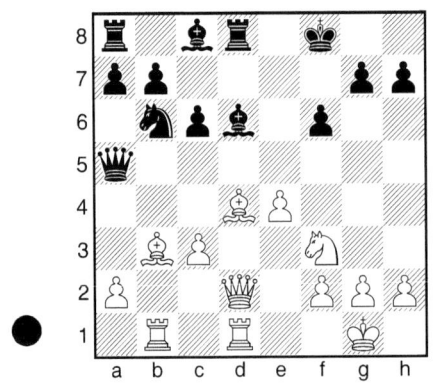

DIAG. N° 73
Partie Spielmann – Pirc, Moscou 1935

Apparemment, les Noirs peuvent profiter du fait que leur Tour exerce une *menace masquée* sur la Dame blanche et qu'en fait le Fou blanc en d4 est cloué. Ainsi, ils jouent

---

[56] La fin de la partie réelle fut : 39.♕xg7+ ♔xg7 40.e7 ♖e8 41.exf8♕+ ♖exf8 42.f5 ♖h4 43.♘cd1 ♖f4+ 44.♔g1 ♖g4 45.♖d3 ♔f7 46.♔f2 ♖h8 47.♖b3 b5 48.♘e4 ♖h6 49.g3 ♖g8 50.♔f3 a5 51.♖d3 a4 52.♖d2 (perte au temps) 1-0 (note de l'éditeur francophone).

7. Combinaisons complexes

19...c5

Après 20.♗e3 suit 20...♗xh2+ (*combinaison avec découverte*), et sur 20.♗xf6, il suivrait également 20...♗xh2+. Cependant, les Blancs ont une surprise dans leur manche qui force la victoire.

20.♗e5!!

Exploitant le clouage du Fou noir d6.

20...fxe5 21.♘xe5

22.♕f4+ menace, avec mat en quelques coups, ce que les Noirs ne peuvent pas parer d'une manière satisfaisante. La combinaison blanche est clairement fondée sur la position exposée du Roi noir et sur la disposition défavorable des pièces noires sur l'aile dame (*obstruction*).

21...c4

Permettant au Roi noir de s'échapper via g8.

22.♕f4+ ♚g8 23.♕f7+ ♚h8 24.♖xd6

Cette *combinaison sur la huitième rangée* est la conséquence du retard de développement des Noirs.

La combinaison susmentionnée ne s'est pas produite dans la partie réelle, qui a continué de la manière suivante.

19...♗g4 20.♕e3 ♕h5

La menace était 21.♗xf6.

21.e5! fxe5 22.♗c5

7. Combinaisons complexes

Les Noirs doivent perdre, car ils ne peuvent pas placer leur Roi dans une position sûre. (Le Fou blanc b3 contrôle la case g8.)

22...♗xc5 23.♕xc5+ ♔e8 24.♖e1 ♘d7 25.♖xe5+!

La combinaison d'exécution.

25...♘xe5 26.♘xe5 ♗e6

Les Noirs utilisent intelligemment la circonstance que le Fou blanc en b3 doit protéger la case d1 (pour empêcher le mat sur la première rangée), mais la partie ne peut plus être sauvée.

27.♖e1

Suivi de la prise du Fou noir e6, parce que 27...♗xb3 ou tout autre coup du Fou perd la Dame après l'échec à la découverte par le Cavalier blanc (*combinaison de clouage* et *de découverte*).[57]

---

[57] La fin de la partie fut : 27...♖d2 28.♗xe6 ♕e2 29.♗f7+ ♔d8 30.♕f8+ ♔c7 31.♕e7+ ♔c8 32.♗e6+ ♔b8 33.♘d7+ ♔c7 34.♘c5+ 1-0 (note de l'éditeur francophone).

7. Combinaisons complexes

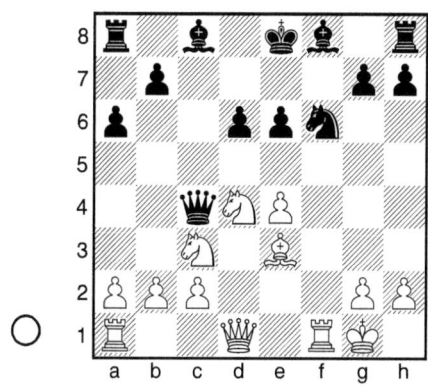

DIAG. N° 74
Partie Lasker – Pirc, Moscou 1935

Les Blancs possèdent une grande avance de développement, tandis que le Roi noir n'est pas encore en sécurité. Cela ne signifie pas pour autant que les Blancs ont une meilleure position. Si les Noirs arrivent à compléter leur développement sans accident, leur position sera préférable à cause de la paire de Fous et de leur supériorité au centre. Par conséquent, les Blancs doivent agir immédiatement ou il sera trop tard.

Mais comment peuvent-ils attaquer la position noire ? Le centre noir empêche toute action pour l'avance des pièces blanches.

Cependant, si nous examinons de plus près l'état des cases critiques, nous voyons que le pion noir e6 est *surchargé*, car il défend à la fois les cases d5 et f5. Dans cette position, les Blancs fondent l'ingénieuse combinaison suivante sur cet aspect et sur la situation exposée du Roi noir.

13.♖xf6!

Une *combinaison de pénétration* qui donne la possibilité à la Dame blanche de s'infiltrer dans la position noire.

7. Combinaisons complexes

13...gxf6 14.♕h5+ ♔d8

Après 14...♔e7, nous pouvons observer une *combinaison avec surcharge* dans sa forme la plus pure : 15.♘f5+! exf5 16.♘d5+ ♔d8 (16...♔d7 17.♘b6+, ou 16...♔e6 17.♕e8+) 17.♗b6+ ♔d7 18.♕f7+, etc.

15.♕f7!

À présent, le pion noir e6 est cloué (à cause de ♕f7xc4), ainsi le coup blanc ♘f5 devient parfaitement possible.

15...♗e7

Dans la partie fut joué 15...♗d7, ce qui, après 16.♕xf6+ suivi de ♕xh8, conduisit rapidement à une défaite des Noirs[58].

16.♘f5! ♖e8

Ou l'alternative 16...♕c7 17.♘a4! (17.♗b6? ♕xb6+! (avec échec !)) 17...♖f8 18.♕xh7 ♔e8 19.♘g7+, etc.

17.♘xd6!

Et les Blancs gagnent. (17.♘xd6 ♗xd6 18.♗b6+ ♗c7 19.♖d1+, etc.)

Pour conclure ce chapitre, voici une *combinaison de démolition* profonde, qui s'est également produite durant le tournoi de Moscou.

---

[58] La fin de la partie fut : 16...♔c7 17.♕xf6 ♗h6 18.♘xe6+ ♕xe6 19.♕xa8 ♗xe3+ 20.♔h1 1-0 (note de l'éditeur francophone).

7. Combinaisons complexes

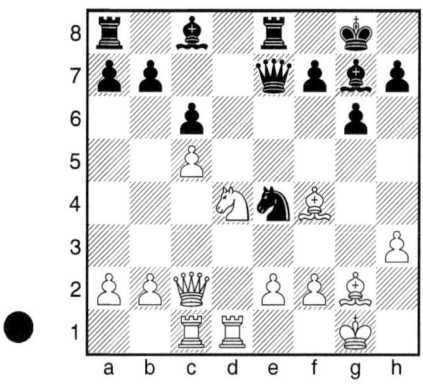

DIAG. N° 75
Partie Goglidze – Flohr, Moscou 1935

Cette position contient une combinaison compliquée, qui doit sa réussite à la *position exposée du Roi* blanc (le pion blanc g manque), au fait que la Tour en d1 doit protéger le Cavalier en d4, à *l'obstruction* constituée par la Tour en d1 (qui empêche l'autre Tour en c1 d'intervenir), et, pour finir, au fait que le Fou en f4 *n'est pas protégé*. Le rôle joué par ces différents aspects est indiqué dans le déroulement de la combinaison.

19...♘xf2 20.♔xf2 ♕h4+

Le point focal de la faiblesse simultanée du Fou en f4 et du Roi.

21.♔f3 ♗xh3 22.♗xh3

Forcé, car ...♕g4+ et ...♗xg2+ menaçaient.

22...♕xh3+ 23.♔f2

Après 23.♗g3 ♗e5, on constate l'importance des motifs de la combinaison pas encore exploités : le Fou blanc en g3 ne peut pas être défendu, ni par la Tour en d1 qui doit protéger le Cavalier en d4, ni par l'autre Tour en c1 à cause de *l'obstruction* causée par la Tour en d1.

23...♕h4+ 24.♔f3 ♗e5

Élimine la dernière protection du Roi blanc.

25.e3

25.♗xe5 ♖xe5 conduit également à la défaite, de nouveau à cause de *la surcharge* et de *l'obstruction* qui rendent les deux Tours inefficaces pour la défense.

25...♗xf4 26.exf4 ♕h3+ 27.♔f2 ♖e3

Enfin, le Cavalier n'a plus besoin d'être défendu et la Tour d1 peut, par conséquent, bouger. Cependant, la partie ne peut plus être sauvée à présent que la Tour noire a8 va participer aussi à l'attaque.

28.♖g1 ♖ae8! 29.♖g2

Nécessaire à cause de la menace 29...♕h2+ 30.♖g2 ♕xf4+.

29...♕h4+

Suivi du mat en quelques coups. (30.♔g1 ♖e1+, etc.).

8. COMBINAISONS EN FINALE

La question de savoir où se termine le milieu de partie et où commence la finale ne possède pas de réponse précise. Parfois il est considéré que ce passage a lieu au moment de l'échange des Dames, mais cela n'est pas toujours juste, parce qu'alors on n'aurait plus la possibilité de parler de « finales de Dames ». D'autre part, il existe aussi des positions sans les Dames qui conservent des caractéristiques spécifiques au milieu de partie.

Une ligne de démarcation pratique, mais pas absolument nette entre le milieu de partie et la finale, est le moment où les Rois commencent à prendre part activement à la bataille. Dès que la question de la sécurité du Roi n'est plus urgente, une phase entièrement nouvelle de la partie commence ! Au lieu d'être une pièce faible, le Roi devient dès lors une pièce forte ; dans de nombreux cas, il devient même la pièce la plus puissante.

À la lumière de cela, il devient assez compréhensible pourquoi l'échange de Dames est souvent considéré comme le moment du passage entre le milieu de jeu et la finale. En effet, la Dame est la seule pièce qui ne peut pas être menacée par le Roi (par contact direct), et cela amène, en règle générale, le Roi à jouer un rôle modeste tant que la Dame adverse est présente sur l'échiquier. Cependant, si la Dame adverse n'a aucune de ses pièces en soutien de son action, alors le Roi n'est pas exposé à de graves dangers. Cela est le cas lors des finales de Dames.

Par conséquent, la finale est caractérisée par

A) un danger faible pour le Roi ;
B) plus que quelques pièces sur l'échiquier.

8. Combinaisons en finale

C'est l'inverse des conditions qui prévalent habituellement pour les combinaisons de mat (A) et les combinaisons ouvertes (B), de sorte que, si tant est qu'il y en ait, nous pouvons espérer seulement réaliser de simples combinaisons positionnelles ou des combinaisons de mat.

Il existe cependant une circonstance, déjà signalée à la page 93, qui augmente considérablement la possibilité d'une combinaison : c'est le pion passé. La promotion du pion possède la même signification en finale que le mat ou la capture de la Dame en milieu de partie, c'est-à-dire la défaite assurée. Et cela constitue le cœur même de la combinaison en finale : le sacrifice d'une ou de deux pièces, ou une manœuvre subtile, afin de rendre possible la promotion d'un pion passé.

Par conséquent, les *combinaisons avec un pion passé* seront examinées plus en détail dans ce chapitre. Il existe cependant d'autres combinaisons en finale : il peut se produire des combinaisons avec *point focal* ou des combinaisons sur la dernière rangée, ainsi que tous les autres types de combinaisons déjà vues, mais comme nous l'avons dit précédemment, ces combinaisons sont simples et ne nécessitent par conséquent pas d'explications particulières.

Nous pouvons distinguer les combinaisons avec pion passé suivantes

1) *Combinaisons de forçage,* qui ont comme but d'obtenir un pion passé.

2) *Combinaisons de progression,* qui ont comme but de permettre à un pion passé d'avancer.

3) *Combinaisons de promotion,* lesquelles, finalement, permettent à un pion passé d'atteindre la case de promotion.

8. Combinaisons en finale

1. Combinaisons de forçage

L'exemple théorique de finale le plus connu pour obtenir un pion passé est le suivant.

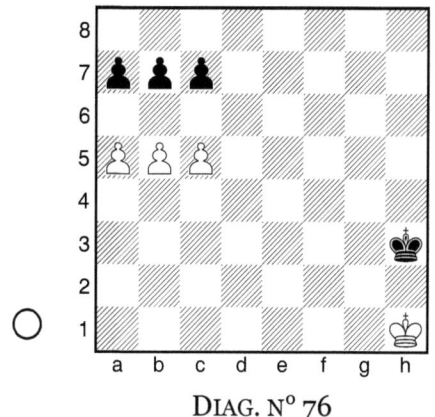

DIAG. N° 76

Les Blancs obtiennent un pion passé par

1.b6! axb6 2.c6! bxc6 3.a6

Et le pion passé blanc peut avancer sans entraves jusqu'à la promotion. (Si les Noirs avaient joué **1...cxb6**, alors aurait suivi **2.a6 bxa6 3.c6**.)

Dans cet exemple, la création du pion passé équivaut à une promotion forcée, de sorte que l'évaluation de la combinaison est assez simple.

Dans les exemples empruntés à la pratique, c'est cette évaluation en général qui pose le plus de difficultés, surtout s'il s'agit d'un pion isolé. La possession d'un tel pion passé peut être aussi bien avantageuse que désavantageuse. Si l'avance du pion passé ne peut pas être facilement réalisée, alors la case devant le pion passé peut devenir une case forte pour l'adversaire. Si les Blancs, par exemple, ont un pion passé isolé en d4, les Noirs, en règle générale, seront capables de conserver le contrôle de la case d5. Ainsi, cette case d5 repré-

8. Combinaisons en finale

sente une case forte pour les Noirs (voir page 45). Cela, toutefois, ne signifie pas qu'un tel pion passé en d4 sera toujours un désavantage. Il est tout à fait possible pour les Blancs qu'ils puissent, en raison de la position de ce pion en d4, créer des cases fortes en e5 et en c5, et ainsi obtenir une compensation en échange de la faiblesse de leur pion d4. Par conséquent, il est nécessaire de peser très soigneusement les avantages et les inconvénients et de ne jamais se contenter d'un jugement superficiel.

Voici une combinaison de forçage très instructive.

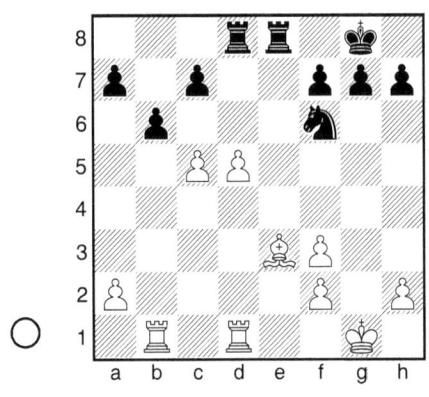

DIAG. N° 77
Partie Mieses – Wolf, Carlsbad 1907

21.d6!

Une manière très courante de créer un pion passé. Les Noirs ne peuvent pas prendre les deux pions blancs en même temps. Le prochain coup blanc sera soit dxc7 ou cxb6.

21...cxd6

Si 21...bxc5 22.dxc7 ♖c8 23.♗f4! suivi de ♖b8 qui conduit à une défaite rapide pour les Noirs.

22.cxb6 axb6 23.♗xb6

8. Combinaisons en finale

Les Blancs ont un pion passé a et les Noirs un pion passé d. Il y a deux raisons qui ont motivé les Blancs à faire cette combinaison.

A) En général, le pion passé le plus éloigné est le plus fort. Par conséquent, le pion a a plus de valeur que le pion passé d.

B) Dans la lutte entre un Fou et un Cavalier, le pion passé éloigné possède un avantage spécifique dans le fait qu'un Cavalier doit prendre beaucoup de temps pour atteindre le lieu de l'action (voir page 71).

Outre le fait d'être fondée sur ces considérations générales, la combinaison est également le fruit d'un petit calcul, à savoir que les Noirs n'ont aucun moyen d'empêcher que le pion a n'avance jusqu'en a5.

23...♖a8 24.♖a1

À présent, le pion noir d6 est menacé et, par conséquent, les Noirs n'ont pas le temps d'arrêter le pion blanc a au moyen de ...♖a4. Il est clair que les Noirs, en raison de la couleur du Fou blanc, ne peuvent exercer un blocus que sur les cases de couleur blanche (en a4, a6 ou a8).

24...♖e6 25.a4 ♘d7 26.♗c7 ♖a6

Permet au moins au pion a de ne pas franchir la case a6 trop facilement.

27.a5 ♔f8

C'est à peu près la position que les Blancs avaient en tête lorsqu'ils ont commencé la combinaison. Ils n'ont pas eu à calculer davantage. Il est clair que dans cette position, le pion passé constitue un avantage. Les Noirs sont contraints d'utiliser leur Tour pour stopper le pion blanc a, tandis que la défense de celui-ci n'est pas une cause de souci pour les Blancs. Les Blancs ont obtenu une liberté d'action beaucoup plus grande pour leurs pièces, ce qui est l'équivalent d'un avantage matériel (le potentiel de la Tour noire en a6 est moins de la moitié de ce qu'il devrait être).

Dans la partie, les Blancs ont réussi à convertir leur avantage en victoire.

28.♖ab1 ♗e7 29.♖b7 ♖e5 30.f4 ♖e4 31.f3! ♖e2

31...♖xf4 échoue à cause de 32.♖e1+ ♔f8 33.♖a7! ; ou 32...♔f6 33.♗d8+ ; ou 32...♘e5 33.♖xe5+.

32.♔f1

À nouveau, les Blancs exploitent le fait que la Tour noire ne peut pas quitter la colonne e. En effet, si les Noirs jouent à présent 32...♖xh2, alors ils perdent après 33.♖e1+ ♔f8 34.♗b6! ♖h1+ 35.♗g1.

32...♖e6 33.♗b6

La combinaison précédente n'avait rien à voir directement avec le pion passé a, mais était fondée seulement sur la plus grande activité des pièces blanches. À présent, les Blancs s'efforcent de nouveau de faire avancer leur pion passé.

33...♖f6 34.♖e1+ ♖e6 35.♖c1

♖cc7 menace de gagner le Cavalier.

35...♖a8 36.♖cc7 ♖d8

Les Noirs ne sont pas en mesure de protéger leur Cavalier sans l'aide de cette Tour et sont contraints, bon gré mal gré, de laisser le pion blanc avancer.

37.a6 ♔e8 38.♖xd7

8. Combinaisons en finale

Une combinaison de promotion simple. Dans la partie réelle fut joué le coup moins efficace, mais malgré tout relativement fort 38.a7[59].

38...♖xd7 39.a7

Et les Noirs ne peuvent pas empêcher la promotion du pion a.

2. Combinaisons de progression

La présence d'un pion passé donne un caractère entièrement différent à la bataille. À chaque avance de ce pion, sa valeur est augmentée, et par conséquent il devient un fardeau plus grand pour les pièces adverses.

Dans le dernier exemple, nous avons déjà vu que le pion a, une fois qu'il a atteint la case a5, a condamné une Tour noire à l'inactivité. Par conséquent, ce pion avait presque la même valeur que la Tour noire. Dans ce cas, l'avance du pion de a2 à a5 n'a pas posé de difficultés : elle était le résultat immédiat de la combinaison forçante qui précédait. Cependant, il est concevable que, dans un autre cas, les Blancs aient dû forcer cette avance, par un sacrifice par exemple.

Notre but à présent est de comparer la valeur d'un sacrifice matériel par rapport à l'augmentation de valeur qui résulte de l'avancement d'un pion passé. Voici un exemple d'une telle combinaison.

---

[59] La fin de la partie réelle fut : 38...♘xb6 39.♖xb6 d5 40.♖xe6+ fxe6 41.♖b7 1-0 (note de l'éditeur francophone).

8. Combinaisons en finale

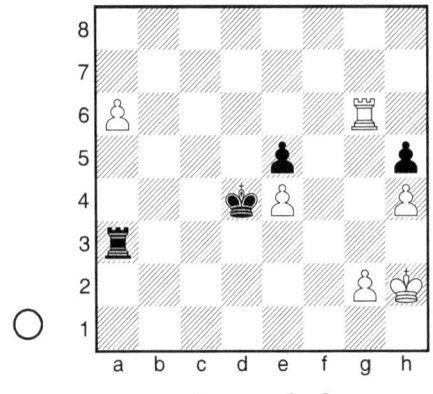

DIAG. N° 78
Partie Euwe – Bogoljubov, Zurich 1934

Les Blancs possèdent deux pions d'avance, mais les pièces noires sont mieux placées que les blanches : le Roi blanc est coupé du lieu de l'action et le Roi noir est en position offensive.

Les Blancs sacrifient deux pions dans cette position dans le but de pouvoir pousser leur pion passé d'une case, afin de réduire l'activité de la Tour noire et permettre à leur Roi d'entrer en action.

52.g4 hxg4

52...♖a2+ aurait été meilleur, comme cela est indiqué dans le livre du tournoi.

53.h5 ♖h3+

Dans la partie fut joué 53...♔xe4, qui est également insuffisant[60].

---

[60] La fin de la partie réelle fut : 54.h6 ♔f5 55.♖b6 e4 56.♔g2 ♖a2+ 57.♔f1 ♖a1+ 58.♔e2 ♖a2+ 59.♔e3 ♖a3+ 60.♔d2 g3 61.h7 e3+ 62.♔e2 g2 63.h8♕ g1♘+ 64.♔f1 e2+ 65.♔e1 1-0 (note de l'éditeur francophone).

8. Combinaisons en finale

54.♔g2 ♖xh5 55.a7! ♖h8 56.♖a6 ♖a8

Les Blancs ont atteint leur but : la Tour noire est paralysée. La suite n'est pas difficile : **57.♖a4+ ♔d3 58.♔g3**, etc.

Voici une autre combinaison forçante du même type.

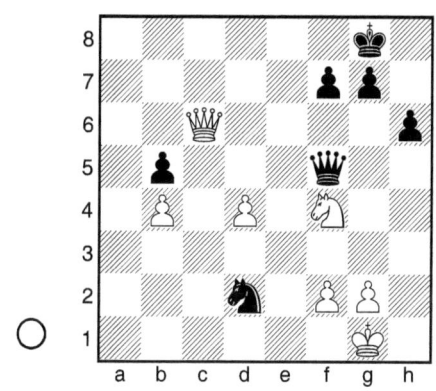

DIAG. N° 79
Partie Lasker – Lisitsin, Moscou 1935

La position blanche est extrêmement critique : le Cavalier blanc est menacé, et s'il se retire en h3 ou en e2, alors suit ...♕b1+ suivi de ...♕xb4, après quoi le pion noir en plus assure aux Noirs une victoire assez certaine.

Les conséquences de 46.♘d5 (défendant le pion b4) sont également en défaveur des Blancs : 46...♕b1+ 47.♔h2 ♘f1+ 48.♔g1 (48.♔h3? ♕f5+, etc.) 48...♘e3+ 49.♔h2 ♘xd5 50.♕xd5 ♕xb4. Dans cette position, le pion noir en b5 serait également plus fort que le pion blanc en d5.

Si les Blancs essaient de défendre simultanément leur pion b4 et leur Cavalier avec 46.♕d6, alors suivrait 46...♔h7! et les Blancs sont sans défense contre les

8. Combinaisons en finale

menaces ...♞c4 ou ...♞e4. Il en résulterait au minimum le gain d'un pion.

Dans ces circonstances, le joueur blanc prit une décision audacieuse

46.d5!! ♕xf4[61] 47.d6

Les Blancs ont sacrifié leur Cavalier dans le but de pouvoir avancer leur pion passé de deux cases. À présent d6-d7 suivi de d7-d8=♕ menace, précédé peut-être de ♕c8+. Cette menace est tellement forte que les Noirs sont obligés de jouer

47...♞e4 48.d7 ♕xf2+

Forçant un nul par échec perpétuel. Les Blancs ont calculé cette combinaison précisément et ont surtout dû déterminer avec certitude si les Noirs ne pouvaient pas empêcher la promotion du pion en sacrifiant leur Cavalier, car cela aurait signifié une défaite assurée pour les Blancs, étant donné l'avantage de pions que possèdent les Noirs.

Cette combinaison de progression constitue une transition vers la *combinaison de promotion* que nous allons examiner à présent. Le sacrifice du Cavalier blanc est fondé sur l'incapacité des Noirs à empêcher la promotion du pion dame. Dans notre premier exemple (page 186), ce n'était pas le cas. Là, les Blancs avaient obtenu une augmentation de l'activité de leurs pièces (Roi et Tour) par l'avance de leur pion passé, au détriment de la mobilité de la Tour noire, mais sans une promotion de pion forcée.

---

[61] La partie réelle s'est conclue par la nullité tout de suite après 46.d5 (note de l'éditeur francophone).

8. Combinaisons en finale

3. Combinaisons de promotion

Si le but de la combinaison consiste en la promotion du pion passé avancé, alors nous pouvons parler de *combinaison de promotion* (voir la fin de la partie à la page 185).

Ce genre de combinaisons est moins difficile à analyser que les autres, parce que l'évaluation des chances des deux camps à la fin de la combinaison est généralement superflue. Le pion est devenu une Dame et la partie est en général gagnée. Ainsi est-il possible de concentrer son attention sur le pion passé, ce qui signifie une réduction considérable des variantes possibles. Les contours des combinaisons de promotions sont clairement délimités et elles forment une catégorie bien définie.

Il est important de mémoriser quelques situations bien connues dans lesquelles les pièces adverses (Fou, Cavalier et Tour) sont incapables d'empêcher la promotion du pion passé, même par un sacrifice. Voici trois exemples simples.

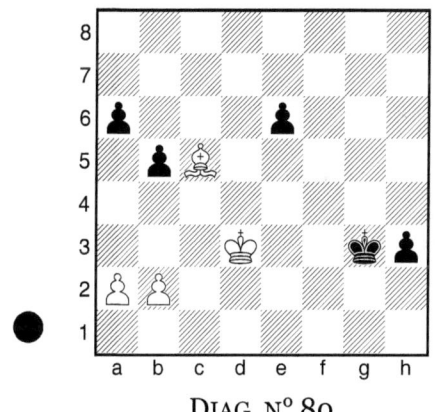

DIAG. N° 80
Partie Johner – Euwe, Zurich 1934

Les Noirs gagnent facilement

8. Combinaisons en finale

45...e5[62] **46.♗g1**

Ou 46.♗d6 ♔f4, etc. Naturellement 46...h2 n'aurait pas été judicieux à cause de 47.♗xe5+ suivi de ...♗xh2.

46...♔g2, etc.

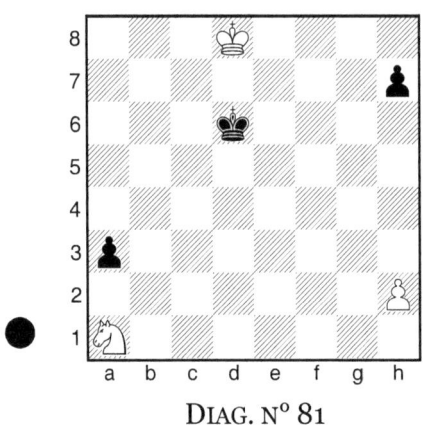

Diag. n° 81

Les Noirs gagnent en allant capturer le Cavalier blanc dans le coin a1, suivi de la promotion de leur pion a.

1...a2!

Pas 1...♔c5 à cause de 2.♘b3+! ♔b4 3.♘c1, et les Noirs ne peuvent plus gagner, parce que le Cavalier peut stopper le pion sur la sixième rangée. Par exemple : 3...♔c3 4.♘a2+ ♔b2 5.♘b4 ♔b3 6.♘d3! a2 7.♘c1+ suivi de 8.♘xa2. De même, 1...♔d5 est insuffisant : 2.♔c7 ♔c4 3.♔b6 ♔c3 4.♔b5 ♔b2 5.♔b4 a2 6.♘b3 ; ou bien 4...a2 5.♔a4 ♔b2 6.♘b3.

2.♔e8 ♔d5 3.♔f7 ♔d4 4.♔g7 ♔c3

---

[62] Dans la partie réelle, les Blancs ont abandonné tout de suite après ce coup (note de l'éditeur francophone).

8. Combinaisons en finale

Ou d'abord 4...h5.

5.♔xh7 ♔b2 6.♔g8 ♔xa1 7.h4 ♔b1 8.h5 a1♕ 9.h6 ♕a8+, et les Noirs gagnent.

La capture du Cavalier suivie de la promotion du pion ne peut se produire que lorsque le Cavalier stoppe le pion tour sur la septième rangée. Dans le cas de tous les autres pions, l'attaque du Roi ne peut au mieux que forcer l'échange du Cavalier contre le pion, ou, dans certains cas, obtenir un nul par répétition des coups.

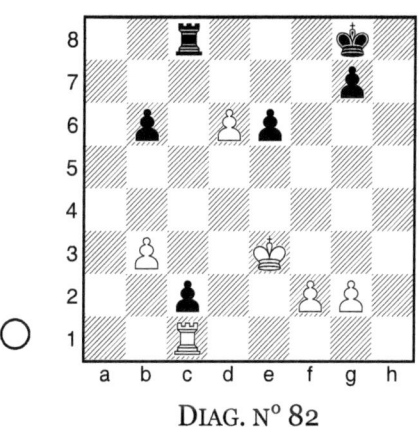

DIAG. N° 82

Les Blancs gagnent en sacrifiant leur Tour.

1.♖xc2 ♖xc2

Les autres coups auraient aussi conduit à la défaite.

2.d7

Et la promotion du pion ne peut pas être empêchée. La Tour noire ne parvient pas à rejoindre la huitième rangée (la case d2 est interdite). Après **2...♖c3+ 3.♔d4**, la case d3 est inaccessible et la colonne adjacente, ici la colonne c, n'est d'aucun secours, étant donné que le pion en d7 contrôle la case c8.

8. Combinaisons en finale

La variante suivante, à partir de la position du diagramme

1.♖xc2 ♖a8[63] **2.d7 ♔f7**

ou tout autre coup.

3.♖c8!, etc.

illustre la manière correcte de procéder dans un combat pour la promotion d'un pion dans lequel chaque camp possède une Tour.

Il est évident, dans les trois exemples qui viennent d'être montrés, que l'échange, respectivement de la Tour, du Fou ou du Cavalier, contre le pion promu conduit à la défaite ou, dans le meilleur des cas, au nul. L'intérêt de ces exemples réside dans le fait que le vainqueur a réussi à forcer la promotion de son pion.
Dans les finales de Tours existent quelques autres aspects notables concernant la technique pour promouvoir un pion, lesquels sont bien illustrés dans l'exemple suivant.

---

[63] 1...♖d8 est la meilleure défense. Bien que la position soit facilement gagnante pour les Blancs, il aurait été intéressant de la mentionner. Par exemple : 2.♖c6 b5 3.♔e4 ♔f7 4.♔e5, etc. (note de l'éditeur francophone).

8. Combinaisons en finale

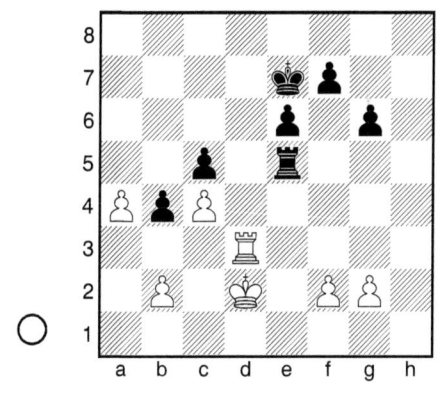

DIAG. N° 83
D'une simultanée d'Alekhine, Groningue 1933

Au moyen d'une combinaison profonde, les Blancs forcent la promotion de leur pion a.

1.g4!

Interdit à la Tour noire l'accès à la case h5, après quoi le pion passé a menace d'avancer sans entraves.

1...♖e4

La Tour noire doit essayer de sortir de son enfermement d'une manière ou d'une autre.

2.a5 ♖xg4 3.a6

À présent, il y a deux possibilités : chacune avec une subtilité.

A) **3...♖g1 4.a7 ♖a1 5.♖a3!!** ;

ou B) **3...♖h4 4.♖d8!! ♔xd8 5.a7**, etc.

L'exemple suivant est encore plus élaboré.

8. Combinaisons en finale

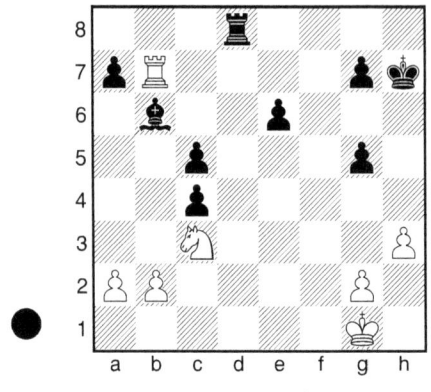

DIAG. N° 84
Partie Ortueta – Sanz, Madrid 1934

Les Noirs parviennent, par un jeu brillant, à combiner plusieurs facteurs favorables (deuxième rangée, menace indirecte du Fou contre le Roi, éloignement de la Tour blanche) afin de réaliser la combinaison gagnante.

30...♖d2 31.♘a4 ♖xb2 32.♘xb2 c3

À présent, les Blancs ne peuvent plus arrêter l'avance des pions passés sur la colonne c par 33.♘d3 à cause de 33...c4+! 34.♖xb6 (de même après 34.♔f1 cxd3 35.♔e1 c2, le duo de pions noirs est trop fort : 36.♔d2 ♗e3+) 34...cxd3 35.♖c6 d2, etc.

33.♖xb6

Le seul coup, étant donné que 33.♖f7 est réfuté par 33...cxb2 34.♖f1 c4+ 35.♔h1 c3 suivi de 36...c2. Après le coup de la partie, le plan des Noirs semble avoir été réfuté, étant donné qu'après 33...axb6, les Blancs peuvent simplement jouer 34.♘d3 suivi de ♘c1.

33...c4!!

8. Combinaisons en finale

Une pointe magnifique révélant simultanément plusieurs caractéristiques importantes

A) 34.♘xc4 c2! : l'impuissance de la Tour blanche sur la colonne adjacente, qui ne peut pas contrôler la case de promotion (voir l'exemple mentionné précédemment, page 191).

B) L'impuissance du Cavalier blanc, par rapport au pion noir en c3, parce que la case d3 a été rendue inaccessible. Cela est le mieux réalisé dans la configuration importante à connaître d'un Cavalier noir en b7 qui ne peut pas arrêter un pion blanc en a6.

C) 34.♖xe6 cxb2 35.♖e1 c3 : l'impuissance de la Tour blanche opposée à un duo de pions (comme dans certaines variantes au coup précédent).

D) Le facteur « choix » (voir le commentaire au prochain coup noir).

34.♖b4

À présent tout semble en ordre : si les Noirs prennent le Cavalier (34...cxb2), alors suit 35.♖xb2. De même après 34...c2 35.♖xc4 : le danger de la promotion est définitivement écarté. Quelle situation complètement différente !

34...a5!!

Les Noirs se réservent encore le choix de la case de promotion entre ...cxb2 et ...c2, en fonction du coup des Blancs au prochain coup.

Après 35.♖xc4 cxb2 ou 35.♘xc4 c2, nous voyons de nouveau l'impuissance de la Tour sur la colonne adjacente. Lors du choix de la case de promotion, les Noirs sont très attentifs à ce que la Tour blanche se trouve sur la colonne adjacente.

Les Noirs menacent à présent 35...axb4, après quoi la promotion du pion c3 ne pourrait pas être empêchée. Si la Tour se déplace sur n'importe quelle case de la colonne b (b5, b6, b7 ou b8), alors 35...c2 est décisif. Dans la partie fut joué

35.♘xc4 c2

Après quoi les Blancs abandonnèrent. Une magnifique et complexe combinaison en finale !

La promotion du pion est un terreau fertile pour les compositeurs de fins de parties.

Nous terminons nos discussions sur les combinaisons en finale avec la célèbre composition de Saavedra, qui est particulièrement instructive en raison de la simplicité de la position.

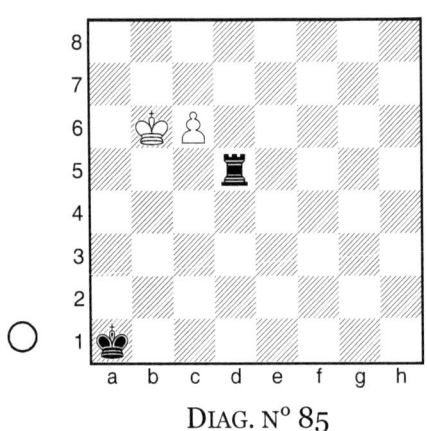

DIAG. N° 85

1.c7

Semble immédiatement décisif : la Tour se trouve sur la colonne adjacente à la case de promotion (la case c8), qui n'est pas accessible. Cependant, la Tour dispose d'un certain nombre de ressources, qui apparaîtront au cours du jeu.

1...♖d6+ 2.♔b5

8. Combinaisons en finale

Ni 2.♔b7 à cause de 2...♖d7! (ressource sur la rangée) qui fait nul, ni 2.♔c5 à cause de 2...♖d1! 3.c8♕ 3...♖c1+ (ressource sur la colonne) ou 3.♔b6 ♖c1, etc.

2...♖d5+ 3.♔b4

Après 3.♔c6 ou 3.♔c4 suivrait de nouveau 3...♖d1.

3...♖d4+ 4.♔b3 ♖d3+ 5.♔c2

À présent, la ressource verticale sur la colonne est écartée.

5...♖d4!

Une nouvelle ressource : après 6.c8♕ suivrait 6...♖c4+ 7.♕xc4 pat (ressource du pat).

6.c8♖!

Les Blancs font une Tour pour éviter la ressource du pat et menacer Ta8 mat.

6...♖a4

Forcé.

7.♔b3!

Conclut avec la double menace ♔xa4 et ♖c1 mat, qui force les Noirs à abandonner.

Nous voici parvenus à la fin de nos discussions au sujet du jeu combinatoire. Répétons encore une fois les méthodes avec lesquelles nous pouvons augmenter notre compétence combinatoire.

8. Combinaisons en finale

1) Par une analyse attentive des différents types de combinaisons et par une compréhension claire de leurs motifs et de leurs prémisses.

2) En mémorisant certains exemples et leurs solutions, aussi bien remarquables que communs.

3) Par une répétition fréquente (en pensée si possible) des principales combinaisons, afin de développer l'imagination.

LISTE DES EXEMPLES

Joueurs	Lieu et date	Page
Botvinnik – Euwe	Léningrad 1934	15
Salwe – Rubinstein	Carlsbad 1907	35
Regedzinski – Rubinstein	Lodz 1917	46
Schlechter – John	Barmen 1905	48
Rioumine – Euwe	Léningrad 1934	53
Botvinnik – Alatortsev	Léningrad 1934	54
Euwe – Michell	Hastings 1935	56
Rubinstein – Salwe	Lodz 1908	58
Bogoljubov – Rubinstein	San Remo 1930	60
Réti – Grünfeld	Semmering 1926	63
Euwe – Noteboom	Amsterdam 1931	65
Sämisch – Réti	Berlin 1920	66
Skalicka – Addicks	Prague 1931	68
Noteboom – Howell-Smith	Ramsgate 1929	69
Capablanca – Janowski	St-Pétersbourg 1914	70
Alekhine – Bogoljubov	Villingen 1934	76
Klaussen – Club de Loebschütz	1934	78
Euwe – Kan	Léningrad 1934	84
Alekhine – Réti	Vienne 1922	88
Alekhine – Rubinstein	Carlsbad 1923	97
Botvinnik – Flohr	Léningrad 1933	100
Spielmann – N. N.		102
Lasker – Bauer	Amsterdam 1889	105
Nimzowitsch – Tarrasch	St-Pétersbourg 1914	107
Euwe – Van den Bosch	Amsterdam 1934	109
Alekhine – Sterk	Budapest 1921	113

Joueurs	Lieu et date	Page
Nisch – Woog	Leipzig 1934	115
Nimzowitsch – Capablanca	New York 1927	117
Leonhardt – Tarrasch	Hambourg 1910	120
Botvinnik – Spielmann	Moscou 1935	125
Bernstein – Lasker	Zurich 1934	126
Euwe – Alekhine	Zurich 1934	129
Naegeli – Flohr	Zurich 1934	132
Euwe – Alekhine	Zurich 1934	137
Torre – Lasker	Moscou 1925	140
Lilienthal – Tartacover	Paris 1933	143
Adams – Torre	La Nouvelle-Orléans 1920	144
Asztalos – Stoltz	Bled 1931	146
Bogoljubov – Alekhine	Hastings 1922	148
Alekhine – Boekdrukker	Bussum 1933	151
Réti – Bogoljubov	New York, 1924	154
Rotlewi – Rubinstein	Lodz 1907	158
Noteboom – Winter	Londres 1929	162
Alekhine – Colle	Paris 1925	164
Lachmann – Müller	Saksassa 1934	166
Kmoch – Yudovich	Léningrad 1934	167
Lilienthal – Capablanca	Hastings 1935	169
Capablanca – Kan	Moscou 1935	171
Spielmann – Pirc	Moscou 1935	172
Lasker – Pirc	Moscou 1935	175
Goglidze – Flohr	Moscou 1935	177
Mieses – Wolf	Carlsbad 1907	182
Euwe – Bogoljubov	Zurich 1934	186
Lasker – Lisitsin	Moscou 1935	187

Joueurs	Lieu et date	Page
Johner – Euwe	Zurich 1934	189
Alekhine – N. N.	Groningue 1933	193
Ortueta – Sanz	Madrid 1934	194
Composition de Saavedra		196

Autres titres parus dans la collection *Histoire du jeu d'échecs*

Tous les titres de la collection *Histoire du jeu d'échecs* sont disponibles sur commande dans n'importe quelle librairie. Les titres sont également disponibles de manière privilégiée dans la librairie internet de l'éditeur BOD : www.bod.fr/librairie.
Les titres sont également disponibles sur tous les sites de vente de livres en ligne (www.amazon.fr, www.decitre.fr, www.chapitre.com, www.uculture.fr, www.placedeslibraires.fr, www.fnac.com, www.cultura.com, etc.).

> Site internet : www.histoireechecs.1s.fr
> Contact : histoiredesechecs@gmail.com

Autres titres déjà parus

- Philippe Stamma, *Les cent fins de parties de Philippe Stamma*. ISBN : 978-2-3220-4370-5.
- José Raúl Capablanca, *Ma Carrière échiquéenne*. ISBN : 978-2-322-09661-9.
- Eugène Znosko-Borovsky, *Comment il ne faut pas jouer aux échecs. Édition augmentée entièrement revue*. ISBN : 978-2-322-13296-6.
- Aaron Nimzowitsch, *Ma victoire à Carlsbad en 1929 ou le triomphe de mon système*. ISBN : 978-2-322-15769-3.
- Adolf Anderssen, *Gourmandises pour joueur d'échecs*. ISBN : 978-2-322-09960-3.
- Alexandre Alekhine, *New York 1927, le chant du cygne de Capablanca*. ISBN : 978-2-322-10429-1.
- Alekseï Souétine, *Les idées dans le début d'une partie d'échecs*. ISBN : 978-2-322-14667-3.

- Eugène Znosko-Borovsky, *Comment il faut commencer une partie d'échecs.* ISBN : 978-2-322-16666-4.
- Mikhaïl Tal, *Vie et parties de Mikhaïl Tal. Tome 1 : À la conquête du titre mondial !* ISBN : 978-2-322-09220-8.
- Mikhaïl Tal, *Vie et parties de Mikhaïl Tal. Tome 2 : Le temps des doutes et ma renaissance.* ISBN : 978-2-322-19125-3.